1일 1장으로 완벽 대비

JLPT N1

독해편 · 청해편

목차 독해편

DAY 01	단문 공략	4
DAY 02	단문 읽기 ①	6
DAY 03	단문 읽기 ②	8
DAY 04	중간 점검 ①	10
DAY 05	중문 공략	12
DAY 06	중문 읽기 ①	14
DAY 07	중문 읽기 ②	16
DAY 08	중간 점검 ②	18
DAY 09	장문 공략	20
DAY 10	장문 읽기 ①	22
DAY 11	장문 읽기 ②	24
DAY 12	중간 점검 ③	26
DAY 13	통합 이해 공략	28
DAY 14	통합 이해 읽기 ①	30
DAY 15	통합 이해 읽기 ②	32
DAY 16	중간 점검 ④	34
DAY 17	주장 이해(장문) 공략	36
DAY 18	주장 이해(장문) 읽기 ①	38
DAY 19	주장 이해(장문) 읽기 ②	40
DAY 20	중간 점검 ⑤	42
DAY 21	정보 검색 공략	44
DAY 22	정보 검색 읽기 ①	46
DAY 23	정보 검색 읽기 ②	50
DAY 24	중간 점검 ⑥	54
DAY 25	내용 이해 – 단문	56
DAY 26	내용 이해 – 중문	58
DAY 27	내용 이해 – 장문	62
DAY 28	통합 이해	66
DAY 29	주장 이해 – 장문	70
DAY 30	정보 검색	74

정답	독해편	144

청해편

DAY 01	과제 이해 공략	80
DAY 02	과제 이해 파악하기 ①	82
DAY 03	과제 이해 파악하기 ②	84
DAY 04	과제 이해 파악하기 ③	86
DAY 05	중간 점검 ①	88
DAY 06	포인트 이해 공략	90
DAY 07	포인트 이해 파악하기 ①	92
DAY 08	포인트 이해 파악하기 ②	94
DAY 09	포인트 이해 파악하기 ③	96
DAY 10	중간 점검 ②	98
DAY 11	개요 이해 공략	100
DAY 12	개요 이해 파악하기 ①	102
DAY 13	개요 이해 파악하기 ②	104
DAY 14	개요 이해 파악하기 ③	106
DAY 15	중간 점검 ③	108
DAY 16	즉시 응답 공략	110
DAY 17	즉시 응답 파악하기 ①	112
DAY 18	즉시 응답 파악하기 ②	114
DAY 19	즉시 응답 파악하기 ③	116
DAY 20	중간 점검 ④	118
DAY 21	통합 이해 공략	120
DAY 22	통합 이해 파악하기 ①	122
DAY 23	통합 이해 파악하기 ②	124
DAY 24	통합 이해 파악하기 ③	128
DAY 25	중간 점검 ⑤	130
DAY 26	과제 이해	134
DAY 27	포인트 이해	136
DAY 28	개요 이해	138
DAY 29	즉시 응답	140
DAY 30	통합 이해	142
정답	청해편	160

DAY 01 독해체크 단문 공략

내용 이해 - 단문

1 지문의 특징
   - 지문 길이: 200자 내외
   - 지문 종류: 수필문, 설명문, 기사문, 서간문 등
     - 일부 지문이 세로쓰기로 출제됨
   - 문제 유형: 필자의 주장 찾기, 내용 일치, 글의 목적 찾기 등
   - 지문 및 문제 수: 1지문 1문제, 총 4개 지문 출제

2 문제 공략법
   - 문제의 의도 파악하기
   - 본문과 선택지에서 키워드와 중심문 찾기
   - 문제 유형에 맞춰, 선택지와 일치하는 부분 찾기

   - **필자의 주장 찾기**: 필자의 생각을 나타내는 중심문을 찾은 후, 선택지에서 일치 여부 확인
   - **내용 일치**: 선택지에서 키워드를 고른 후, 본문에서 키워드와 일치하는 부분을 빠르게 읽으며 대조하기
   - **글의 목적 찾기**: 글을 쓴 목적이 드러나는 문장을 접속사와 문말표현을 통해 확인하기

3 예상 질문

   - 筆者の考えに合うのはどれか。
   - 筆者によると、○○について最も〜なことは何か。
   - この文書で筆者が述べていることは何か。
   - この〜は何を知らせているか。
   - この手紙を書いた理由は何か。

다음 글을 읽고, 질문에 답하세요.

　　政府は、少子化対策として、児童手当や育児休暇の際の給付金を増額する案を発表した。来年度から順次増額していき、最終的に3.5兆円の増額を目指しているという。しかし、その財源の拡充については政府からの支援金を予想しているとしか明らかにしておらず、具体的な実現方法には何一つ触れられていなかった。こういった不誠実極まりない態度では、国民の支持を受けるどころか、政府に対する強い不信感を持たせるだけの結果になるということを、政府はまだ気づいていないのか。確固たる財源の拡充なしに、政策だけが先走ってはいけない。

(注1) 給付：金品を支給すること

1　筆者の考えに合うものはどれか。

① 少子化対策に対する国民の考え方が変わるべきだ。

② 財源の拡充なしに、正しい政策の施行は出来かねる。

③ 少子化対策には不信感しかない。

④ 財源の拡充より政策の施行が先だ。

2　文章の内容と合っているものはどれか。

① 政府は、児童手当の給付金を減額しようという計画を立てた。

② 給付金の増額は来年度から始まる。

③ 給付金の財源の拡充は既にできている。

④ 新しい少子化対策に対して国民は支持している。

DAY 02 　독해체크　단문 읽기 ①

오늘의 글

　自己肯定感の高い子供に育てるためには、子供は、親とはまた別の人格を持っている一人の人間だということを認めるべきだ。親は子供に対して、親が全てを率いるべき存在だと勘違いすることが多い。しかし子供でも、きちんと自分なりの価値観を持ち、それに基づき物事を判断していく。大人が見るには未熟なところもあるだろうが、それでもそれは尊重されるべくものだ。したがって親は、それが反社会的な行動でない限り、子供の結論を尊重し、見守ってやるべきだ。それが子供の自己肯定感を伸ばす最適の方法だ。

오늘의 어휘

自己肯定感	자기 긍정감, 자존감
未熟	미숙
反社会的	반사회적
最適	최적

오늘의 글을 읽고, 다음 질문에 답하세요.

1 **筆者の考えに合うのはどれか。**

① 子供は未熟なので、大人が引っ張っていくべき存在だ。

② 自己肯定感の高い子供にするためには、親が勉強しなければならない。

③ 子供の価値観と意見を尊重するべきだ。

④ 子供は親に属しているものであると考えるべきだ。

2 <u>それ</u>とは何か。

① 子供の意見や判断

② 大人の意見や判断

③ 子供の未熟さ

④ 大人の未熟さ

3 **本文の内容と合っているものはどれか。**

① 一般的に親は、子供を尊重している。

② 子供の価値観や考えは、大人並みに成熟している。

③ 子供の判断力は信じがたい。

④ 子供の決定や意見をなるべく尊重するべきだ。

DAY 03 독해체크 단문 읽기 ②

오늘의 글

拝啓　新緑の候、皆様におかれましてはますますご健勝のこととお慶び申し上げます。

この度は、ご令嬢のおめでたきご結婚式にご招待を賜り、誠にありがとうございます。心よりお祝い申し上げます。

さて、お二人のめでたいご婚礼に際しまして、是非ともお祝いに伺いたく存じますが、やむを得ない事情により出席できなくなってしまいました。ご令嬢の晴れ姿を拝見いたしたく楽しみにしておりましたが、お伺いできなくなり誠に申し訳ございません。

失礼は重々承知しておりますが、どうかご容赦くださいますようお願い申し上げます。

末筆ながら、挙式のご盛会とお二人のご多幸をお祈り申し上げます。

敬具

二〇××年五月十日

滝沢翼様

津田誠

오늘의 어휘

拝啓	배계(편지 첫머리에 쓰는 형식)	重々	거듭거듭
～の候	~의 계절, ~의 때	容赦	용서
令嬢	영애, 남의 딸	末筆	끝으로(편지의 마지막 마무리)
賜る	받다, 내려 주시다(겸양)	敬具	경구(편지 끝머리에 쓰는 형식)
婚礼	혼례	祝儀	축의금
晴れ姿	화려하게 차려 입은 모습		

오늘의 글을 읽고, 다음 질문에 답하세요.

1 津田がこの手紙を書いた理由として正しいものを選びなさい。

① 結婚式に出席できないためこの手紙を書いた。
② 結婚式に出席することを知らせるためにこの手紙を書いた。
③ 結婚式の祝儀をいくらすればいいか聞くためにこの手紙を書いた。
④ 滝沢の結婚式を祝うためにこの手紙を書いた。

2 この手紙で津田が言いたいことは何か。

① 結婚式の日程を変更してほしい。
② 結婚式が行われる場所を教えてほしい。
③ 結婚式に出席できなくて申し訳ない。
④ 結婚式があるので、葬式に参加できない。

3 本文の内容と合っているものはどれか。

① 津田の娘の結婚式だ。
② 滝沢の娘の結婚式だ。
③ 津田は結婚式に出席する。
④ 滝沢に結婚式に出席するか聞いている。

DAY 04 단원 정리

다음 글을 읽고, 질문에 답하세요.

以下は、ある大学図書館のマルチメディアルームに掲載されたお知らせである。

2020年12月1日

秋山（あきやま）大学　図書館

ノートパソコン利用に関するお知らせ

　当館では、学生の皆様の学習のお役に立つよう、ノートパソコンの貸出を行っております。これまでは、ノートパソコンのご予約は、当館の窓口で受け付けておりましたが、来月をもってインターネット上の予約システムからも行うことができるようになりました。予約システムは平日・休日を問わず24時間ご利用いただけます。なお、予約開始日は、従来のご利用日の三日前から一週間前までと変更いたしましたので、そちらの点をご了承の上、ご利用ください。

　予約システムのご利用には会員登録が必要です。会員登録の際は、学籍番号が必要となりますので、そちらを正しくご入力ください。

秋山（あきやま）大学　図書館　管理室　052-255-5354

(受付時間：月曜日～金曜日　9:00～18:00)

1 ノートパソコンの利用に関して、このお知らせは何を知らせているか。

① ノートパソコンの貸出は中止されること
② ノートパソコンの貸出方法が変更になること
③ ノートパソコンが使える場所が変更になること
④ ノートパソコンの貸出期間が短縮されたこと

どの社会にも、その社会で生きていくための規則(ルール)があり、我々はそれらを「社会規範」と呼んでいる。社会規範の中には、法律、道徳、慣習などがあり、この中で強制性を持つのは法律のみである。法律と他の規範との違いは、その規範を守らなかった際、制度的な処罰を受けるか受けないかである。道徳や慣習を守らなかった場合は、単にグループの中で敬遠されるだけで、法律的な処罰は受けない。それに対し、法律は制度的な処罰を受けるということが一番の違いである。

(注1) 敬遠：かかわりを持つことを嫌って、その物事を避けること

2 本文の内容と合うものを一つ選びなさい。

① 「社会規範」がない社会も、ある社会もある。

② 「社会規範」はすべて強制的だ。

③ 「法律」は「社会規範」の中でも強制性を持つ。

④ 「慣習」は「社会規範」には含まれない。

내용 이해 - 중문

1 지문의 특징

- 지문 길이: 500자 내외
- 지문 종류: 평론문, 해설문, 수필문
- 문제 유형: 필자의 주장 찾기, 내용 일치, 밑줄 친 부분(지시어)의 의미 찾기, 인과관계 및 이유 찾기
- 지문 및 문제 수: 1지문 3문제, 총 3개 지문 출제

2 문제 공략법

- 문제를 먼저 읽고, 각 문제의 의도 파악하기
- 문제 유형에 맞춰, 필요한 부분만 읽기

- **필자의 주장 찾기**: 필자의 생각을 나타내는 중심문을 찾은 후, 선택지에서 일치 여부 확인
- **내용 일치**: 선택지에서 키워드를 고른 후, 본문에서 키워드와 일치하는 부분을 빠르게 읽으며 대조하기
- **밑줄 친 부분의 의미 찾기**: 밑줄 친 부분이 가리키는 것이 무엇인지 내용을 빠르게 파악하기
- **인과관계 및 이유 찾기**: 앞뒤 문맥을 파악하면서 인과관계를 빠르게 정리하기

3 예상 질문

- 「○○」について、筆者はどう述べているか。
- (○○について)筆者の考えと合っているものはどれか。
- (筆者によると)○○とはどのようなことか。
- 本文の内容と合っているものはどれか。
- ～の理由(目的)として正しいものはどれか。

다음 글을 읽고, 질문에 답하세요.

　人工知能技術といえば多くの人が、映画に出てくるような「自我を持ち、人間並みに働く先端技術」を思い浮かべるが、必ずしもそうではない。人工知能技術には弱い人工知能と強い人工知能があり、現代社会で主に使われているのは弱い人工知能である。

　弱い人工知能、いわゆる弱いAIは、「人工知能」という名前が付いてさえいるものの、実は「知能」よりは「道具」に近いAIである。より早くて正確に問題を解決するために開発されたAIなのである。今まで人間により開発されたすべてのものは、弱いAIに当てはまる。

　強いAIは、人間の知性そのものを倣って作られたAIで、まだ開発に成功してはいない。人間に完全に似た、人間の心や知能、それに知性まで持っているAIを作ることは難しいようである。当然、科学者は強いAIの開発を心から望んでいるが、それが本当に人間社会に大きな利益をもたらすものになるだろうか。むしろ、これが人間を脅かすものとなる可能性も否めない。より真剣に、倫理的なところも考慮して開発に取り組むべきである。

(注1) 自我：行動や意識の主体。自分、自身
(注2) 倣う：すでにあるやり方や例をまねて、その通りにする
(注3) 否む：否定する

1　**強いAIに関する筆者の考えはどれか。**

① 人間社会に大きな利益をもたらすに違いない。

② 開発に成功すると、人間社会に非常に役立つはずだ。

③ 人間に完全に似ているところが魅力的だ。

④ 人間に役立つものか分からないので、開発には真剣に取り組むべきだ。

2　**本文の内容と合うものを選びなさい。**

① 弱い人工知能は、開発されていない。

② 強い人工知能は、人間に完全に似ている。

③ 弱い人工知能は、自分で物事を判断する。

④ 人工知能は、すべて人間並みの能力を持つ。

DAY 06 독해체크 중문 읽기 ①

오늘의 글

　生命科学という学問は、生命工学や遺伝工学のことを総称する学問のことで、生物の遺伝情報を扱い、それの人為的な操作を行う学問である。だからこそ、生命科学を研究する際は倫理的問題を完全に排除することはできず、生命科学者たちは常に技術の発展と倫理問題の間で悩まされている。

　近年、その中でも問題視されているのは「動物実験」である。現在の法律では、「できるだけ動物に苦痛を与えず、実験する動物の数を減らし、また動物の代わりに実験できる方法を探る」のであれば、動物実験を認めている。とはいえ、「苦痛を与えない」ということは人間の主観的な基準によるしかなく、数を減らしたとしても犠牲になる動物がいないわけではないので、批判の声は収まりそうにない。

오늘의 어휘

総称	총칭
人為的	인위적
倫理	윤리
排除	배제
途絶える	끊어지다, 두절되다

오늘의 글을 읽고, 다음 질문에 답하세요.

1 生命科学の特徴として正しいものを選びなさい。

① 遺伝工学は含まれておらず、生命工学のみを指す言葉だ。

② 生命工学と遺伝工学が含まれていて、遺伝情報を扱う学問だ。

③ 遺伝情報を扱ってはいるが、倫理的な問題からは自由だ。

④ 生命工学と遺伝工学が含まれているが、遺伝情報を含んでいない。

2 批判の声は収まりそうにないというが、なぜか。

① 動物実験が途絶えたわけではないから

② 人間を対象に実験しているから

③ 動物実験への信用がないから

④ 禁止されているのに、動物実験が続いているから

3 本文の内容と合っているものはどれか。

① 生命科学の研究において、倫理的問題は欠かせないものである。

② 近年、「動物実験」は問題視されていない。

③ 法律では、動物実験を禁止している。

④ 動物実験に関する批判の声は少なくなっている。

DAY 07 독해체크 중문 읽기 ②

오늘의 글

　だが、新薬など新しい製品が開発された際、それの副作用を検証せず人間に使わせるのは危険極まりない。致命的な問題が起こる可能性がある。故に、まずは人間に似ている身体構造の動物に対し実験を実施せざるを得ないと主張することも、分からなくはない。いくら動物の代わりになるもので実験するとしても、生体反応のある相手に実験するとまた違う結果が出る可能性が高いからである。生命倫理を守りながらも、人間に役に立つ新技術を開発することは、大変難しい問題である。

오늘의 어휘

副作用	부작용
検証	검증
致命的	치명적
生体反応	생체 반응
投与	투여

오늘의 글을 읽고, 다음 질문에 답하세요.

1 **人間に似ている身体構造の動物に対し実験を実施せざるを得ない理由は何か。**

　① 副作用などのリスクが確認できるから

　② 新しく開発された物への信用度を高めるから

　③ 倫理的な問題が生じないから

　④ 代わりに実験できるものがないから

2 **本文の内容に合っているものはどれか。**

　① 新しい製品が開発された際、必ずしも実験を行わなくてもいい。

　② 動物実験をしなくても、代わりの物で実験すれば安心だ。

　③ 生体反応のある動物実験を行わないのはリスクが高い。

　④ 実験なしに人間に新薬を投与しても致命的な問題は起きない。

3 **筆者によると、新技術の開発が難しい理由は何か。**

　① 生命倫理を守ると、副作用が起こり得るから

　② 生命倫理を守ると同時に新技術を開発するのは難しいから

　③ 動物の代わりになる実験対象がないから

　④ 動物実験には副作用などのリスクが多いから

다음 글을 읽고, 질문에 답하세요.

　生命科学という学問は、生命工学や遺伝工学のことを総称する学問のことで、生物の遺伝情報を扱い、それの人為的な操作を行う学問である。だからこそ、生命科学を研究する際は倫理的問題を完全に排除することはできず、生命科学者たちは常に技術の発展と倫理問題の間で悩まされている。

　近年、その中でも問題視されているのは「動物実験」である。現在の法律では、「できるだけ動物に苦痛を与えず、実験する動物の数を減らし、また動物の代わりに実験できる方法を探る」のであれば、動物実験を認めている。とはいえ、「苦痛を与えない」ということは人間の主観的な基準によるしかなく、数を減らしたとしても犠牲になる動物がいないわけではないので、批判の声は収まりそうにない。

　だが、新薬など新しい製品が開発された際、それの副作用を検証せず人間に使わせるのは危険極まりない。致命的な問題が起こる可能性がある。故に、まずは人間に似ている身体構造の動物に対し実験を実施せざるを得ないと主張することも、分からなくはない。いくら動物の代わりになるもので実験するとしても、生体反応のある相手に実験するとまた違う結果が出る可能性が高いからである。生命倫理を守りながらも、人間に役に立つ新技術を開発することは、大変難しい問題である。

1 **倫理的問題を完全に排除することはできずの理由として正しいものを選びなさい。**

① 技術の発展には、生命倫理を無視せざるを得ないため

② 遺伝情報を扱い、その操作が行われる学問であるため

③ 科学の中でも特に倫理的な要素がたくさん含まれているため

④ 科学と倫理は、ほぼ同じ意味で使われているため

2 **現在の法律では、動物実験についてどんな立場を取っているか。**

① 倫理的な問題を起こすため、完全に禁止している。

② 制限的に許可している。

③ 一部の業界においては許可している。

④ 一部のみ禁じている。

3 **動物実験に関する筆者の考えとして合っているものを選びなさい。**

① 完全に禁じ、代わりになる実験方法を探すべきである。

② 主観的な解釈がないよう、国がその範囲を決めるべきである。

③ 動物実験にはリスクが多いが、人間に役立つので中止してはならない。

④ 動物実験には利点もあるため、完全に禁じることは難しい。

DAY 09   독해체크 장문 공략

내용 이해 - 장문

1 지문의 특징

 - 지문 길이: 1,000자 내외
 - 지문 종류: 설명문, 수필문, 소설 등
 - 문제 유형: 필자의 주장 찾기, 내용 일치, 밑줄 친 부분(지시어)의 의미 찾기, 인과관계 및 이유 찾기
 - 문제 수: 1지문 4문제, 총 1개 지문 출제

2 문제 공략법

 - 문제를 먼저 읽고, 각 문제의 의도 파악하기
 - 문제 유형에 맞춰, 필요한 부분만 읽기

 - **필자의 주장 찾기**: 필자의 생각을 나타내는 중심문을 찾은 후, 선택지에서 일치 여부 확인
 - **내용 일치**: 선택지에서 키워드를 고른 후, 본문에서 키워드와 일치하는 부분을 빠르게 읽으며 대조하기
 - **밑줄 친 부분의 의미 찾기**: 밑줄 친 부분이 가리키는 것이 무엇인지 내용을 빠르게 파악하기
 - **인과관계 및 이유 찾기**: 앞뒤 문맥을 파악하면서 인과관계를 빠르게 정리하기

3 예상 질문

 - 「○○」について、筆者はどう述べているか。
 - (○○について)筆者の考えと合っているものはどれか。
 - (筆者によると、) ○○とはどのようなことか。
 - 本文の内容と合っているものはどれか。
 - ～の理由(目的)として正しいものはどれか。

다음 글을 읽고, 질문에 답하세요.

　　2015年、日本政府は選挙権年齢を従来の20歳から18歳に引き下げるように公職選挙法を改正し、公布した。これにより、選挙の際、18歳になった日本国民なら、誰でも投票できるようになった。

　　日本において選挙権年齢の変更が行われたのは、1950年公職選挙法制定以来初めてのことだ。少子高齢化に伴い人口が減り続けている中、より多くの国民、特にこれからの日本社会を担っていく若者に積極的に政治へ関与してもらいたいという意向で、選挙権年齢を引き下げると決定したのだ。

　　日本はこれまで成人年齢を20歳からだと定めていたこともあり、「18歳」という年齢を幼く考えるきらいがあった。しかし18歳という年齢は、高校を卒業し就職をするか、大学に進学する年齢で、自分なりの見解で判断を下すことができる年齢だ。これから日本を発展させるためには、そういった若者の考えをきちんと政治に反映するべきだ。そういった意味でこの現象は、大変喜ばしい。

(注1) 公布：一般に広く知らせること
(注2) 制定：法律などを作ること
(注3) 喜ばしい：嬉しい

1　改正された選挙法の内容として合っているものはどれか。

　① 選挙権年齢を18歳から20歳に引き上げた。
　② 選挙権年齢を20歳から18歳に引き下げた。
　③ 外国人の参政権を認めた。
　④ 部分的に18歳の投票を認めた。

2　筆者が改正された選挙法を喜ばしいと思う理由は何か。

　① 若者の意見をしっかり国政に反映できると思うから
　② 時代の変化を政治に取り入れられるから
　③ 公職選挙法制定以来、初めての改定だから
　④ 18歳は若くないと証明されたから

DAY 10　독해체크　장문 읽기 ①

오늘의 글

　比例代表制は、政党の得票率に応じて議席数が決まる選挙制度のことである。この制度は、選挙過程で発生する死票を無くし、国民の意見を積極的に取り入れ、少数政党にも発言の機会を与えるために確立された。現在はイギリスなど一部の国を除いて多くの国で行われている。

　確かに、趣旨の通り比例代表制を行うと、国民の意見をより細かく反映することができる。しかし、これが完璧な制度かというとそうでもなく、この制度にも多くの問題はある。

　最も大きな問題は、候補者と有権者との距離が遠いということである。比例代表制では、原則的に国民が直接候補者に投票しない。国民が選べるのは政党のみで、当選する候補者は政党が決める。これはかなりのリスクを含んでいるもので、もしその候補者の政治的立場が投票者の意見と一致していないとすれば、それはむしろ国民の意見が反映されていないことになる。比例代表制を批判する側はその点を理由に、比例代表制の必要性に疑念を抱いている。

오늘의 어휘

比例代表制	비례대표제	有権者	유권자
得票率	득표율	疑念を抱く	의구심을 품다
死票	사표	マニフェスト	(여기서는) 후보자의 공약
確立	확립	施行	시행
趣旨	취지		

오늘의 글을 읽고, 다음 질문에 답하세요.

1 **比例代表制の説明として合っているものを選びなさい。**

① 有権者が直接候補者に投票する選挙方法である。

② イギリスなど一部の国でしか行われていない。

③ 死票を無くし、国民の意見を最大限反映するために作られた。

④ 現在の選挙制度の中では、最も完璧である。

2 **候補者と有権者との距離が遠いの意味として合っているものを選びなさい。**

① 有権者が候補者を確認できない。

② 有権者が候補者を確認して投票することができる。

③ 有権者に候補者のマニフェストが分かる。

④ 有権者は政党と候補者両方を確認してから投票する。

3 **筆者によると、比例代表制を批判する側の根拠は何か。**

① 有権者は政党だけ確認できること

② 政党が勝手に候補者を指定すること

③ 制度を施行しても、死票が無くならないこと

④ 有権者の考えに合う候補者が選ばれないこと

DAY 11　독해체크　장문 읽기 ②

오늘의 글

　しかし、政治を研究している側からすると、比例代表制は政治において無くすべからざるものである。国民の意見は様々で、100%死票を無くす完璧な方法などどこにもない。どうしても反映されない意見もある。これからまた新しい選挙制度ができたところで、死票を完全に無くすことはできない。だとしたら、できるだけ死票の発生が少ないものが最も現実的な選挙方法と言えるが、そういう意味では比例代表制ほどのものはない。したがって、民意を全て反映できないからといって、比例代表制を無くすわけにはいかない。

　政治の目的は、最善を求めるのではなく、最悪を避けることである。それを忘れないでほしい。比例代表制に短所があるからといって制度自体を無くしてしまうと、より国民の意見が無視されていくだけであることを、我々は心に留めておく必要がある。

오늘의 어휘

民意	민의, 국민의 의견
心に留める	마음에 두다, 새기다, 주의하다

오늘의 글을 읽고, 다음 질문에 답하세요.

1 <u>100%死票を無くす完璧な方法などどこにもない</u>とあるが、それはなぜか。

① 国民の意見は様々なので、それを全て反映することはできないから

② 投票率は100%ではないため、意見を反映するには限界があるから

③ 投票率が低いため、反映されない意見があるから

④ 比例代表制の下では、好きな候補者に投票できないから

2 本文の内容に合っているものはどれか。

① 比例代表制では100%死票を無くすことができる。

② 死票が生じる選挙は問題がある。

③ 比例代表制度を行うと、死票の発生が減少する。

④ 比例代表制度を使うと、民意を完全に反映できる。

3 筆者によると、「政治の目的」とは何か。

① 常に国政運営において最善を求めること

② 国政において最悪を避けること

③ 民意を完全に反映すること

④ 民意よりも国全体の利益を考えること

다음 글을 읽고, 질문에 답하세요.

　比例代表制は、政党の得票率に応じて議席数が決まる選挙制度のことである。この制度は、選挙過程で発生する死票を無くし、国民の意見を積極的に取り入れ、少数政党にも発言の機会を与えるために確立された。現在はイギリスなど一部の国を除いて多くの国で行われている。

　確かに、趣旨の通り比例代表制を行うと、国民の意見をより細かく反映することができる。しかし、これが完璧な制度かというとそうでもなく、この制度にも多くの問題はある。

　最も大きな問題は、候補者と有権者との距離が遠いということである。比例代表制では、原則的に国民が直接候補者に投票しない。国民が選べるのは政党のみで、当選する候補者は政党が決める。これはかなりのリスクを含んでいるもので、もしその候補者の政治的立場が投票者の意見と一致していないとすれば、それはむしろ国民の意見が反映されていないことになる。比例代表制を批判する側はその点を理由に、比例代表制の必要性に疑念を抱いている。

　しかし、政治を研究している側からすると、比例代表制は政治において無くすべからざるものである。国民の意見は様々で、100%死票を無くす完璧な方法などどこにもない。どうしても反映されない意見もある。これからまた新しい選挙制度ができたところで、死票を完全に無くすことはできない。だとしたら、できるだけ死票の発生が少ないものが最も現実的な選挙方法と言えるが、そういう意味では比例代表制ほどのものはない。したがって、民意を全て反映できないからといって、比例代表制を無くすわけにはいかない。

　政治の目的は、最善を求めるのではなく、最悪を避けることである。それを忘れないでほしい。比例代表制に短所があるからといって制度自体を無くしてしまうと、より国民の意見が無視されていくだけであることを、我々は心に留めておく必要がある。

1　この制度にも多くの問題はあるとあるが、どのような問題か。

① 候補者と有権者との距離が近すぎて不正が起こる。

② 有権者の意見に合う候補者を選ぶことができない。

③ 特定の政党の規模が大きくなる可能性がある。

④ 少数政党にも国会で発言する機会を与える。

2　比例代表制に反対する側の意見として正しいものを選びなさい。

① 国民が候補者を選べないので、民意が反映できない。

② 比例代表制は、一部の政党に有利な制度だ。

③ 死票が生じるため、少数政党に機会を与えない。

④ 比例代表制では死票の抑制に限界がある。

3　筆者の考えに合うものはどれか。

① 比例代表制は、国民の民意が反映できる最高の投票制度だ。

② 比例代表制にも問題はあるが、民意の反映という側面から、無くしてはいけない。

③ 比例代表制よりもっと民意が反映できる制度を考えるべきだ。

④ 比例代表制でも候補者を選ぶようにしなければならない。

DAY 13　독해체크　통합 이해 공략

통합 이해

1 지문의 특징
   - 지문 길이: A, B 합쳐 600자 내외
   - 지문 종류: 칼럼(수필)문, 기사문, 상담문 등
   - 문제 유형: 공통 주제 찾기, 공통 주제에 대한 각자의 생각(입장) 찾기, 공통 주제에 대해 언급된 것(언급되지 않은 것) 찾기, A와 B의 내용의 차이 파악하기 등
   - 문제 수: 1지문 3문제, 총 1개 지문 출제

2 문제 공략법
   - 문제와 선택지를 먼저 읽고, 문제의 의도와 키워드를 파악하기
   - 문제의 의도와 키워드에 맞춰서 글의 주제와 주제에 대한 A, B 글의 의견(중심문) 찾기
   - 문제의 의도에 맞춰 A, B의 논리 전개 대조하기

3 예상 질문

   • ○○について、AとBはどのように述べているか。
   • 次のうち、AとBの説明として正しいものを選びなさい。
   • AとBのどちらにも触れられている(いない)内容は何か。
   • AとBそれぞれの内容として一致している(いない)ものを選びなさい。
   • ○○について、AとBはそれぞれどのような立場を取っているか。
   • ○○について正しいものはどれか。

다음 글을 읽고, 질문에 답하세요.

A

　インターネットにおいて実名で活動しようという、「ネット実名制」を支持する声が高くなっている。いわゆる「炎上」と呼ばれる、悪質なコメントや中傷を防ぐためというのがその根拠である。しかし、表現の自由を侵害する恐れがある以上、そう簡単に彼らの主張を受け入れてはいけない。

B

　クリーンなインターネット生活を営むためにも、ネット実名制は行われるべきである。匿名性の裏に隠れ、現実世界では言えないことを軽く放ってしまうことが頻繁になっている。それはただ感情を「排泄する」ことであり、健全な意見交換になっていない。お互いを尊重するインターネット生活のためにも、実名制は必要である。

(注1) 営む：ここでは、インターネット上で活動をする
(注2) 排泄：ここでは、人目を気にせず感情を荒く表現すること

1　インターネットの実名制について、AとBはどのように述べているか。

① AもBも、インターネット上で実名制を行った方が良いと述べている。
② Aは、表現の自由を侵害する恐れがあるので実名制に反対している。
③ Bは、ネット上のマナー教育を行うと、匿名のままでもいいと述べている。
④ AもBも、インターネット上では匿名のままでいいと述べている。

2　次のうちAとBの説明として正しいものを選びなさい。

① Aは、表現の自由を理由に、インターネット実名制への反対を示している。
② Aは、炎上を防ぐためにも、インターネット実名制が必要と述べている。
③ Bは、インターネットの完全な実名制には反対している。
④ AもBも、インターネット実名制の負の側面を述べている。

DAY 14　독해체크　통합 이해 읽기 ①

오늘의 글

A

　日本は1億2千万人からいる人口大国であったが、近年の深刻な少子高齢化現象により著しく人口が減少し続けている。あと何十年も経たないうちに、日本は労働人口の減少により産業の伸びが鈍化し、それにより景気の悪化と社会構造の混乱がもたらされるに違いない。

　このような状況を克服するためには、若い世代の出産率を上げる必要がある。しかし、バブル崩壊後続いた「失われた30年」の影響で日々悪化している景気と就職率の低下は、若者に結婚と出産を諦めさせてしまった。政府は出生率を上げるため出産補助金を給付するなどの行政的措置を行ってはいるが、保育園や幼稚園などの施設の拡充ができていないなど、現実性に欠けている。

　重要なことは、お金をあげるか、あげないかではない。それだけでは解決にならない。安心して子供を任せられる施設の拡充、育児休暇が自由に使える社会的雰囲気の改善、子供と親がともに過ごす時間が作れる労働環境の整備。そういったことが先行しなければ、少子化現象の解決は難しい。

오늘의 어휘

鈍化	둔화	先行	선행
もたらす	초래하다, 야기하다	緩和	완화
失われた30年	잃어버린 30년(90년대 후반부터의 일본 경제 침체 현상)	移民	이민
整備	정비		

오늘의 글을 읽고, 다음 질문에 답하세요.

1 本文の内容と合っているものは何か。

① 日本の少子高齢化は、他の国より激しくない。

② 日本は、若者の出産率を上げる政策を行い、成功した。

③ 日本は少子高齢化により人口が減りつつある。

④ 日本の少子高齢化対策は、現実を踏まえた上で行われている。

2 Aの意見として合っているものを選びなさい。

① 少子高齢化を緩和するためには、金銭的な支援を欠かせない。

② 少子高齢化の緩和のためには、社会の雰囲気を変える必要がある。

③ 少子化克服のために、移民をたくさん受け入れる必要がある。

④ 少子化現象は、一時的なものであるため、対策はなくてもいい。

3 Aの内容として触れられていないものを選びなさい。

① 日本は1億を超える人口大国だった。

② 若者の出産率が下がった原因は、経済悪化だ。

③ 少子化の進行は、日本を混乱させるだろう。

④ 日本は、移民の導入により出生率を回復した。

오늘의 글

B

　少子化現象の深刻化を指摘する声が高まっている。しかし、私に言わせれば、そこまで「人口増加」にこだわる必要があるかと考えられる。

　少子化による人口減少は、日本のみならず世界中で起こっている現象だ。ヨーロッパはもちろん、韓国はとうに日本の人口減少率をはるかに超えている。移民を受け入れて人口を維持してきたアメリカも、今では人口が減り気味だ。つまり、少子化現象はもはや止めることのできない、一般的な流れとなっているのだ。

　それなら、無理して人口を増やそうとするのではなく、人口が少なくても維持できる社会構造を構築した方が、より経済的で簡単なのではないか。機械化が進んでいる現代社会に合わせて、機械さえ止まらなければ社会が動く、その機械の管理をする最小限の人がいればそれで問題ない、そういった社会への移行を図るには、今が最適な時期なのかもしれない。

오늘의 어휘

とうに	벌써, 이미	構築	구축
はるかに	훨씬	移行	이행
維持	유지	図る	도모하다

오늘의 글을 읽고, 다음 질문에 답하세요.

1 **本文の内容と合わないものは何か。**

① アメリカは移民が多いため、少子化は起きていない。

② 人口減少は、日本のみならず世界中で起きている問題だ。

③ 韓国の少子化問題は日本を抜かし、より深刻になっている。

④ 人口が少なくても問題ない社会を構築していくべきだ。

2 **Bの意見として合っているものを選びなさい。**

① 社会混乱を招く人口減少現象は、防ぐべきだ。

② 人口が減少しても社会が動くようにするべきだ。

③ 人口減少を防ぐ根本的な対策が必要だ。

④ 少子化を防ぐために、世界が協力するべきだ。

3 **Bの内容として触れられていないものを選びなさい。**

① 人口減少を防ぐために、現実的な支援が必要な時期だ。

② 少子化による人口減少は、世界共通の出来事だ。

③ 少子高齢化を止めることはできない。

④ 人口が少なくても回る社会にする時期だ。

DAY 16 　단원 정리　중간 점검 ④

다음 글을 읽고, 질문에 답하세요.

A

　日本は1億2千万人からいる人口大国であったが、近年の深刻な少子高齢化現象により著しく人口が減少し続けている。あと何十年も経たないうちに、日本は労働人口の減少により産業の伸びが鈍化し、それにより景気の悪化と社会構造の混乱がもたらされるに違いない。

　このような状況を克服するためには、若い世代の出産率を上げる必要がある。しかし、バブル崩壊後続いた「失われた30年」の影響で日々悪化している景気と就職率の低下は、若者に結婚と出産を諦めさせてしまった。政府は出生率を上げるため出産補助金を給付するなどの行政的措置を行ってはいるが、保育園や幼稚園などの施設の拡充ができていないなど、現実性に欠けている。

　重要なことは、お金をあげるか、あげないかではない。それだけでは解決にならない。安心して子供を任せられる施設の拡充、育児休暇が自由に使える社会的雰囲気の改善、子供と親がともに過ごす時間が作れる労働環境の整備。そういったことが先行しなければ、少子化現象の解決は難しい。

B

　少子化現象の深刻化を指摘する声が高まっている。しかし、私に言わせれば、そこまで「人口増加」にこだわる必要があるかと考えられる。

　少子化による人口減少は、日本のみならず世界中で起こっている現象だ。ヨーロッパはもちろん、韓国はとうに日本の人口減少率をはるかに超えている。移民を受け入れて人口を維持してきたアメリカも、今では人口が減り気味だ。つまり、少子化現象はもはや止めることのできない、一般的な流れとなっているのだ。

　それなら、無理して人口を増やそうとするのではなく、人口が少なくても維持できる社会構造を構築した方が、より経済的で簡単なのではないか。機械化が進んでいる現代社会に合わせて、機械さえ止まらなければ社会が動く、その機械の管理をする最小限の人がいればそれで問題ない、そういった社会への移行を図るには、今が最適な時期なのかもしれない。

1 次のうち、AとBどちらにも触れられていない内容はどれか。

① 少子化現象は、日本社会に混乱を招くはずだ。

② 人口減少は、世界共通の現象であり、止めることができない。

③ 少子化現象を止めるために、世界が協力する必要がある。

④ 日本の少子化対策は現実性に欠けている。

2 少子化について、AとBではどのような見解を示しているか。

① AもBも、少子化対策の現実性を指摘している。

② Aでは日本の少子化対策の現実性について述べている。

③ Aでは、少子化による社会構造の変化の必要性について述べている。

④ Bでは、日本の少子化にだけフォーカスを当てている。

3 AとBそれぞれの主張として合っているものを選びなさい。

① AもBも、世界の少子化現象について深刻に捉えている。

② Bは日本の少子化政策は現実性に欠けていると批判している。

③ Aは少子化が進んでも持続できる社会構造を作ることが大事だと述べている。

④ Bでは少子化が進んでも維持できる社会構造を作るべきだと述べている。

DAY 17 　독해체크　　주장 이해(장문) 공략

주장 이해 - 장문

1 지문의 특징

- 지문 길이: 1,000자 내외
- 지문 종류: 평론문, 논설문 등
- 문제 유형: 필자의 주장 찾기, 필자 주장의 요점 찾기, 개념의 정의 및 요점 정리, 필자 주장의 이유 및 의미 찾기 등
- 지문 및 문제 수: 1지문 4문제, 총 1개 지문 출제

2 문제 공략법

- 문제와 선택지를 먼저 읽고, 문제의 의도와 키워드 파악하기
- 주장을 전개하기 위해 필자가 어떤 단어 또는 개념을 강조하고 있는지 확인하기
  ★ 예시문의 내용 정리도 필요하면 할 것!
- 각 단락의 중심문을 정리하여 포인트 파악하기
- 단락 별 중심문 연결하여 전체 주장 정리하기

3 예상 질문

- ○○とあるが、なぜか。/ ○○の理由(内容)として正しい(間違っている)ものを選びなさい。
- ○○について、筆者の考えに合うものはどれか。/ 筆者はどのように考えているか。
- ○○は何だと筆者は述べているか。
- 筆者が最も言いたいのはどんなことか。

다음 글을 읽고, 질문에 답하세요.

　災害対策の研究をするにあたって、最も重要視すべきことは、地域の実状(注1)に即した対策を立てることである。一つの国であっても、それぞれの地域は、地形も異なれば、産業の形も違う。また、人口数もまちまちである。それなのにそれぞれの特性を無視して一括の対策を適用させると、災害を防ぐどころか、かえって深刻な事態をもたらすことになる。

　例えば海岸が近く、津波の恐れが高いところでは津波対策を先に考えるべきである。また、発電所があって原発事故の危険がある地域ではそれを防ぐことを最優先に考えるべきである。災害研究をする際には、そういったことを考慮することが最も重要なのである。

(注1) 実状：実際の事情と状況

1 地域の特性を無視した災害対策を立てるといけない理由は何か。

① その地域の特性に合わないため、かえって大災害になる可能性がある。
② 地域の住民の事情が考慮されないため、人命被害の恐れがある。
③ 一部の地域にだけ有利な対策になってしまう。
④ 危険性が少ない地域に人口が偏重する可能性がある。

2 筆者が最も言いたいことは何か。

① スムーズな行政の運営のためにも、一括した災害対策を立てるべきだ。
② 災害の際、優先的に保護する地域を選別するべきだ。
③ 地域の特性に合わせた災害対策を立てるべきだ。
④ 発電所があるところの災害対策を優先的に考えるべきだ。

DAY 18 독해체크 주장 이해(장문) 읽기 ①

오늘의 글

　日本の河川はその幅が狭く、流れが非常に速い。その上、日本は気候上、雨がよく降る地域であり、特に夏場にほとんどの降水量が集中する。また、日本は国土の70%が山地で、雨が降ると、多くの河川は速い速度で土砂が堆積する。こういった地形的な特性上、日本には昔から天井川が多かった。「天井川」とは、頻繁な堆積作用により川の底に土砂が溜まり、やがては周辺の地形よりも川の底が高くなった河川のことを言う。このような天井川の危ないところは、大雨が降った時、短時間で大量の水が溢れ、非常に深刻な洪水が起こり得ることである。

　このような自然環境の影響で、日本は昔から洪水を地震や火災と同等の大災害として扱い、洪水の対策に力を入れてきた。こういった日本の伝統的な水害対策を「治水対策」というが、文字通り「水を治めて災害を防止する」という意味を持つ。

　このような「治水対策」は、大きく二つに分けられる。一つ目は、「水を氾濫させないこと」で、二つ目は「氾濫した際の被害を最小限にすること」である。そしてその両方の対策に共通するのが「堤防」であり、堤防を作ることで水が流れる面積を広げると同時に、町へ流れる水量を減らすことが目的とされている。

오늘의 어휘

河川	하천	氾濫	범람
気候	기후	堤防	제방
土砂	토사(흙과 모래)	濁る	탁해지다
堆積	퇴적	日照り	가뭄
溜まる	모이다, 괴다	溜める	모으다, 막아 두다
治水	치수(토목 제방 공사)		

오늘의 글을 읽고, 다음 질문에 답하세요.

1 天井川の問題点として正しいものを選びなさい。

① 頻繁に川が乾燥し、飲用水の供給に困る。
② 土砂の堆積が激しいため、大雨が降ると氾濫してしまう。
③ 堆積した土砂が川を濁らせ、水質を汚染させる。
④ 堆積により川の水の移動を阻め、日照りを起こす。

2 「治水対策」の説明として合っているものはどれか。

① 日照りを防ぎ、飲用水の供給を円滑にすること
② 川の氾濫を防ぎ、水による被害を最小限にすること
③ 水不足の地域に水を供給するように工夫すること
④ 大雨の際、水を溜めておくように工夫すること

3 この文章で、筆者が最も言いたいことは何か。

① 日本は洪水が頻繁なため、それを防ぐ対策を工夫してきた。
② 水不足の時こそ、「治水対策」が役に立った。
③ 日本の「治水対策」は現実性に欠けている。
④ 治水対策により作られた堤防は、もう撤去するべきだ。

DAY 19　독해체크　주장 이해(장문) 읽기 ②

오늘의 글

　こういった日本の治水対策は、世界でも優れた洪水対策として認められている。我々はここから、一つ重要なことが分かる。それは、災害対策に地形への理解がどれほど重要かということである。地形を理解していなければ、災害がその土地と町、そして人にどういった影響を与えるかがつかめない。それがつかめないと災害の波及効果も計算できなくなり、多くの人命被害をもたらす結果になる。そのため、我々研究者は常に、地形に合った最適な防災対策を立てるために工夫しなければならない。

　地形を理解していなければ、いい対策は立てられない。我々研究者には、いつもこの法則を頭の中に入れておき、人々が一人でも多く安全に暮らせるような地域を作っていく義務があるということをしっかり覚えていればいい。

오늘의 어휘

波及効果	파급 효과
最適	최적

오늘의 글을 읽고, 다음 질문에 답하세요.

1 筆者が地形の理解が災害対策に役立つと考える理由は何か。

① 災害による地形の変化を研究するに役立つから

② 災害が地域にどういった影響を与えるか分かるから

③ 災害による被害の影響が計れ、人命被害を小さくできるから

④ 世界の災害に関する研究に役立つから

2 この文章では、主に何について話しているか。

① 災害と地形の関係

② 災害による地形の変化

③ 災害研究をする上での注意点

④ 治水対策の意味

3 この文章で、筆者が最も言いたいことは何か。

① 災害による人命被害を最小限にするべきだ。

② 地形に合った最適な防災対策を立てるべきだ。

③ 災害による被害がないように綿密な対策を立てるべきだ。

④ 災害研究をする上での義務を忘れないでほしい。

단원 정리 중간 점검 ⑤

다음 글을 읽고, 질문에 답하세요.

　日本の河川はその幅が狭く、流れが非常に速い。その上、日本は気候上、雨がよく降る地域であり、特に夏場にほとんどの降水量が集中する。また、日本は国土の70%が山地で、雨が降ると、多くの河川は速い速度で土砂が堆積する。こういった地形的な特性上、日本には昔から天井川が多かった。「天井川」とは、頻繁な堆積作用により川の底に土砂が溜まり、やがては周辺の地形よりも川の底が高くなった河川のことを言う。このような天井川の危ないところは、大雨が降った時、短時間で大量の水が溢れ、非常に深刻な洪水が起こり得ることである。

　このような自然環境の影響で、日本は昔から洪水を地震や火災と同等の大災害として扱い、洪水の対策に力を入れてきた。こういった日本の伝統的な水害対策を「治水対策」というが、文字通り「水を治めて災害を防止する」という意味を持つ。

　このような「治水対策」は、大きく二つに分けられる。一つ目は、「水を氾濫させないこと」で、二つ目は「氾濫した際の被害を最小限にすること」である。そしてその両方の対策に共通するのが「堤防」であり、堤防を作ることで水が流れる面積を広げると同時に、町へ流れる水量を減らすことが目的とされている。

　こういった日本の治水対策は、世界でも優れた洪水対策として認められている。我々はここから、一つ重要なことが分かる。それは、災害対策に地形への理解がどれほど重要かということである。地形を理解していなければ、災害がその土地と町、そして人にどういった影響を与えるかがつかめない。それがつかめないと災害の波及効果も計算できなくなり、多くの人命被害をもたらす結果になる。そのため、我々研究者は常に、地形に合った最適な防災対策を立てるために工夫しなければならない。

　地形を理解していなければ、いい対策は立てられない。我々研究者には、いつもこの法則を頭の中に入れておき、人々が一人でも多く安全に暮らせるような地域を作っていく義務があるということをしっかり覚えていればいい。

1 日本の河川の特徴とその影響として正しいものを選びなさい。

① 流れが遅く、水量が少ないため、日照(ひで)りを起こす。
② 流れが速く、堆積(たいせき)作用が活発なため、頻繁に氾濫(はんらん)が起こる。
③ 日本は気候的に雨が少なく、平野が多いため天井川(てんじょうがわ)は少ない。
④ 日本は山地が多いため、川の幅が広く、堆積(たいせき)作用が活発ではない。

2 「治水(ちすい)対策」の内容として正しいものを選びなさい。

① 堤防(ていぼう)を作り、氾濫(はんらん)を防ぎ、被害を最小限にする。
② 川の流れを鈍化させ、氾濫(はんらん)の被害を最小限にする。
③ 農業用水として氾濫(はんらん)した水を使う。
④ 地形を考慮しなかった、失敗した対策だ。

3 この文章で、筆者が最も言いたいことは何か。

① 地形に合わせた対策こそが人命を救う。
② 洪水による被害も重要に捉(とら)えるべきだ。
③ 洪水を無くすために、川の堆積(たいせき)作用を止める方法を探すべきだ。
④ 海辺にも堤防(ていぼう)を作ると、津波の対策にもなる。

DAY 21 독해체크 정보 검색 공략

정보 검색

1 지문의 특징
   - 지문 길이: 700자 내외
   - 지문 종류: 광고, 팸플릿, 정보지, 전단지, 비즈니스 문서 등
   - 문제 유형: 조건에 맞는 항목 고르기
   - 지문 및 문제 수: 1지문 2문제, 총 1개 지문 출제

2 문제 공략법
   - 문제와 선택지를 먼저 읽고, 문제에서 제시하는 조건 파악하기
   - 조건에 부합하는 항목만 읽기

3 예상 질문

- ○月○日に□人で○○ホテルに行く。○月○日に予約をし、○○で移動する。構成員の一人には、

  ○○というハンディキャップがある。この人たちが払うホテル代はいくらか？

- □□さんは、今度の○曜日までに必ず読まなければならない論文がある。この論文がある図書館を調べたら、次のメモのようだった。□□さんが論文を借りられるのは、次の方法のうちどれか。

校内アルバイト一覧

件名	担当課	時給	仕事内容
学内案内	総務課	1,200円	新入生対象学内案内 ・新入生サポート 2年生以上から申し込み可
留学生サポート	国際協力課	1,300円	留学生対象学内案内 ・学生生活サポート ・英語能力必須 2年生以上から申し込み可
生協勤務	大学生協課	850円	学内カフェテリア勤務(接客) 家電販売課勤務(接客・陳列) 1年生　申し込み可
学部事務業務	文学部事務室	1,000円	書類整理・雑用 1年生　申し込み可

1 3年生の岡本さんは、アルバイトを探している。得意の語学を活かせる仕事か、学生支援ができればいいと思っている。希望の組み合わせはどれか。

① 学内案内・留学生サポート

② 学内案内・生協勤務

③ 留学生サポート・学部事務業務

④ 留学生サポート・生協勤務

2 中島さんは、なるべく人と接することがなく、割のいいアルバイトを探している。中島さんに合うアルバイトはどれか。

① 学内案内

② 留学生サポート

③ 生協勤務

④ 学部事務業務

DAY 22 독해체크 정보 검색 읽기 ①

오늘의 글

図書館資料の貸出

貸出条件

利用者区分	貸出条件			
	図書資料		メディア資料	
	冊数	日数	冊数	日数
学部生・聴講生・研究生	15	14	10	12
卒業論文作成のための指導教員の許可を受けた学部生・研究生	30	30	25	21
大学院生 大学院研修生・研究生	50	60	45	55

※貸出日数は、貸出日の翌日から起算します。

※詳細は管内掲示、図書館ホームページを参照してください。

【貸出・返却利用案内】

● 資料の貸出と返却は、本館1階の自動貸出返却機をご利用ください。
閉館10分前までにご利用いただきますよう、ご留意ください。

● 貸出・返却の際は、学生証(磁気式)または登録証が必要です。
磁気式学生証をお持ちでない方は、光心館1階にて発行の上、貸出してください。

● 学生証を紛失された方は、光心館1階の総務課にて再発行の上、図書館をご利用ください。

● 貸出資料を延滞された場合は、延滞日数分の新規貸出を停止します。

● 貸出期間の延長は1週間、2回まで可能です。

1. 加藤さんは学部4年生で、卒業論文の執筆のための図書館利用を指導教員に許可されている。加藤さんが借りられる図書資料の冊数と貸出日数として合っているものはどれか。

1　15冊、14日

2　25冊、21日

3　30冊、30日

4　50冊、60日

2. 北川さんは大学の研究生で、5月1日に図書資料を貸出し、1回延長をした。北川さんの返却日はいつになるか。

1　5月22日

2　5月21日

3　5月23日

4　5月20日

오늘의 어휘

聽講	청강	留意	유의
冊数	권수	磁気	자기
起算	기산(셈을 시작함)	執筆	집필

 확인 문제

1 **リンさんは、公認英語試験と日本留学試験の「日本語」と「数学コース1」を受けている。リンさんが申し込むことができる学部の組み合わせはどれか。**

① 経営学部
② 経営学部と法学部
③ 経営学部と法学部と文学部
④ 法学部と国際学部

2 **チェンさんは、国際学部の国際協力専攻への進学を希望している。チェンさんが受験するべき科目の組み合わせとして正しいものはどれか。**

① 「日本語」と公認英語試験
② 「日本語」と「数学コース1」と公認英語試験
③ 「日本語」と「総合科目」と公認英語試験
④ 「日本語」と「総合科目」と「数学コース2」と公認英語試験

立成(りっせい)大学
外国人留学生募集案内

以下のように、外国人留学生を募集します。

学部	学科・専攻		募集人数
法学部	法学科	法務専攻 企業法専攻	10名
文学部	人文学科	日本史専攻 西洋史専攻 アジア史専攻 英米文学専攻(注1) アジア文学専攻 地理学専攻	10名
国際学部	国際学科	国際協力専攻 国際開発専攻 国際経済専攻	12名
経営学部	経営学科	経営専攻 商学専攻(注2) 会計専攻	20名

【日本留学試験受験必須科目】

学部	受験科目
法学部、文学部	①「日本語(記述試験を含む)」 ②「総合科目」 ③「数学コース1」
国際学部	①「日本語(記述試験を含む)」 ②「総合科目」 ③ 公認英語試験成績
経営学部	①「日本語(記述試験を含む)」 ②「数学コース1」または「コース2」 ③ 公認英語試験成績

(注1) 英米:イギリスとアメリカ
(注2) 商学:商業取引について研究する学問

着物レンタルショップ

舞鶴
まいづる

レンタル料金表

【基本料金】

プラン名	時間帯	値段(税込み)
半日プラン	11:00～15:00	3,500円
一日プラン	11:00～19:00	5,500円
二日プラン	貸出から24時間	11,000円

上記の料金は、着物レンタルのみの料金となっております。なお、こちらはスタンダード着物の場合です。装飾や着付けが必要な方、または着物の種類を変更されたい方は、下記のオプションサービス料金表をご参照ください。基本料金には着付けが含まれておりません。

【オプションサービス】

サービス名	値段(税込み)
レース着物	1,500円
アンティーク着物	2,000円
装飾付き	1,700円
着付け	2,500円
ヘアセット	2,000円
メイク	1,000円

※大学生の場合、基本料金から10％割引させていただきます。学生証をご提示ください。

1. 西山さんは1日中着物をレンタルしたい。装飾は要らないが、着付けはしたい場合、西山さんはいくら払えばいいか。西山さんは20歳で大学生である。

   1　7,450円

   2　7,200円

   3　8,000円

   4　7,250円

2. 初詣のため着物をレンタルしようとしている。初詣の前日に着物を借り、一日中着てから、その日の夜に返却する予定である。そして、可愛いレースが付いた着物にしたく、ヘアとメイク、そして着付けまで頼みたい。レンタル料金は全部でいくらになるか。

   1　11,000円

   2　15,500円

   3　17,000円

   4　18,000円

오늘의 어휘	
着付け	기모노를 입혀 주는 것
アンティーク	앤티크, 골동품, 고풍스러움

 확인 문제

1 宮本さんは、レギュラー会員料金で軽自動車を24時間借りている。返却の時間に遅れそうだったので、契約時間を延長した。宮本さんはいくら払えばいいか。

① 4,500円

② 5,500円

③ 6,000円

④ 7,500円

2 SUVをプレミアム会員価格で12時間借りた。返却の時間を1時間延ばしたが、結局間に合わず、1日契約期間を延ばした場合、いくら払えばいいか。

① 11,500円

② 12,000円

③ 8,500円

④ 11,000円

山田レンタカー料金プラン案内

【軽自動車】(注1)　　　　　　　　　　　　　　　　　　　　　　　　　　　　　　　(税込)

ご利用時間	一般料金	レギュラー会員料金	プレミアム会員料金
12時間	3,500円	2,800円	2,000円
24時間	5,000円	4,500円	3,700円
以降1日当たり	5,000円	4,500円	3,700円
契約時間延長(1時間まで)	2,000円	1,500円	800円

【セダン・ファミリカー】

ご利用時間	一般料金	レギュラー会員料金	プレミアム会員料金
12時間	6,000円	5,500円	4,500円
24時間	8,000円	7,500円	6,500円
以降1日当たり	8,000円	7,500円	6,500円
契約時間延長(1時間まで)	3,000円	2,000円	1,000円

【SUV】

ご利用時間	一般料金	レギュラー会員料金	プレミアム会員料金
12時間	8,000円	7,500円	6,500円
24時間	10,000円	9,500円	8,500円
以降1日当たり	10,000円	9,500円	8,500円
契約時間延長(1時間まで)	4,000円	3,000円	2,000円

※ 返却時間より1日遅れる場合、3,000円の追加料金がございます。

(注1) 軽自動車：小型の自動車

1. 岸田さんは、美浜銀行のキャッシュカードで、コンビニATMを利用したい。現在の日時は月曜日の15時で、祝日である。岸田さんが払う手数料はいくらか。

   ① 205円

   ② 200円

   ③ なし

   ④ 210円

2. この銀行のクレジットカードを持っている坂田さんは、金曜日の18時50分に銀行のATMを使って友達に6万円を送金した。坂田さんが負担する手数料はいくらか。

   ① 105円

   ② 100円

   ③ 手数料はない。

   ④ 210円

美浜銀行(みはま)

ATM・CDご利用手数料

時間帯	時間外 (6:00〜8:50)	営業時間 (9:00〜18:00)	時間外 (18:00〜24:00)
平日	100円	無料	100円
土・日・祝	100円		

● 当行キャッシュカードをご利用のお客様

　▇▇▇▇▇の時間帯のお引き出し、お振り込み受付には1回につき100円の手数料が必要となります。また、提携(注1)(ていけい)金融機関のATM・CDをご利用の場合は、各金融機関所定(注2)(しょてい)の手数料が必要となります。

● 他行キャッシュカードをご利用のお客様

　ご利用1回につき100円の手数料が必要となります。また、▇▇▇▇▇の時間帯のご利用には、1回につき200円の手数料が必要となります。

・当行クレジットカードをお持ちのお客様は、時間外手数料が無料となります。

・当行の銀行サービスを提供するコンビニATMをご利用の場合は、営業時間にかかわらず110円の追加手数料がございます。

(注1) 提携(ていけい)：共同で物事を行うこと
(注2) 所定(しょてい)：決まっていること

DAY 25 　실전 문제　내용 이해 – 단문

　プロパガンダとは、宣伝という意味で、主に特定の思想、世論、意識や行動へ誘導する意図を持った行為のことを指す。これは、主に政治界における宣伝活動のことを意味することが多く、多くの場合否定的な意味として使われる。プロパガンダの究極的な目的は大衆に特定の思想や意識を持たせることであるため、新聞やラジオ、テレビなどのマスメディアと密接な関係を持つ。特に独裁政権(注1)でこのような現象が目立っており、独裁政権では、情報を、統制されているメディアを通じて流すことで政権を維持し、そこには欠かさずプロパガンダの性格を持っているものが出てくる。

(注1) 独裁：特定の個人または集団が全権力を握り、支配すること

|1| プロパガンダの内容として合っているものを選びなさい。

1　プロパガンダはドイツ語から由来した。
2　コマーシャルもプロパガンダの一つである。
3　主に政治界における宣伝のことを言う。
4　民主政権ではプロパガンダが行われない。

다음 글을 읽고, 질문에 답하세요.

　日本が誇る大文豪夏目漱石は、英語能力も高く、英語教師や英米の文学作品を翻訳する仕事もしていました。彼が英語の「I love you」を、「今日は月が綺麗ですね」と翻訳したということはとても有名な話です。

　これは、日本人らしさを、非常にロマンチックに説明したものだと考えられます。日本人は、西洋の人のように感情を直接伝えることはありませんが、それ以上の意味を持つ綺麗な表現を使い、間接的に気持ちを伝えながらも風流を忘れません。

(注1) 文豪：文学の大家
(注2) 風流：上品で優雅な 趣 があること

1 　筆者は、夏目漱石の翻訳についてどう考えているか。

1　本来の意味を無視した翻訳である。
2　日本人らしさをうまく表現した翻訳である。
3　文学的に価値がない翻訳である。
4　風流が感じられない翻訳である。

DAY 26　実戦問題　内容理解 – 中文

　我々は、生まれてから死ぬまで、テレビや新聞、ラジオなど様々なマスメディアに接しながら生きている。だからこそ、マスメディアの情報を鵜呑みにすることが多いが、それには常に注意を払わなければならない。マスメディアに接する際に何よりも重要なのは、メディアから発信される情報を疑うということだ。

　マスメディアは、基本的に「事実」を伝えることが基本ではあるが、それが必ずしも「真実」なわけではない。メディアも結局利益集団であるため、彼らに有利な方向へと「真実」に手を加え、偏重した視線で「事実」を伝える。それをそのまま鵜呑みにしてしまうと、我々の価値観が偏る可能性がある。したがって、マスメディアの情報を受け入れる際は、必ず批判的な視線でその情報に向き合うべきだ。

　では、どうすればマスメディアを批判的に受け入れることができるだろうか。まず、その情報について一つのメディアの意見ばかりでなく、様々なメディアの意見を比べるべきだ。また、意見が異なっているとしたら、どうしてそうなのかを真剣に分析するといい。要は、いかに信用できるメディアといえども、きちんと自分の考えで分析することだ。

[1] どうして<u>メディアから発信される情報を疑うべきか</u>。

1 マスメディアは時々、フェイクニュースも伝えるから
2 マスメディアが伝える情報は偏重している可能性があるから
3 マスメディアには歪曲(わいきょく)が多いため、信用しがたいから
4 マスメディアの種類が多く、情報を選択しにくいから

[2] マスメディアを批判的に受け入れる方法として正しいものを選びなさい。

1 一つのメディアの情報に集中する。
2 メディアのことを全く信用せず、触れない。
3 一つのメディアに集中し、その内容を分析する。
4 二つ以上のメディアを比べ、内容を分析する。

[3] 筆者の考えに合っているものはどれか。

1 マスメディアは信用できるので、そのまま信じるべきだ。
2 マスメディアの情報を常に批判的に受け入れるべきだ。
3 メディアを信用せず、インターネットを信用するべきだ。
4 マスメディアの情報だけでなく、自ら情報を調べてみるべきだ。

次の文を読んで、質問に答えなさい。

　子供の自己肯定感を高めるにはどうすればいいか。近年の育児のトレンドが「自己肯定感」になってから、多くの親がこれに悩まされている。中には自己肯定感を高めてあげたいという気持ちと、子供を傷つけたくないという気持ちが相まって、無条件に子供のやることを全て受け入れる、いわゆる「受容的な育児」をしている人も多いが、それでは子供の問題解決能力やストレス耐性が落ちるだけで、子供のためにはならない。ここで私が提案するのは、むしろ子供にきちんと「しつけ」をすることだ。

　子供は未熟であるため、大人ほど物事の良し悪しの区別がつかず、また人間関係も下手な場合が多い。また自己中心的な要素が大人よりも強いため、相手の立場に立って考えることも苦手だ。しかし、成長するにつれて、親や周りの大人に人間関係を円滑にする方法や、物事の良し悪しの区別を学び、社会規範を身につけていく。

　したがって、社会規範で通用する範囲を教えることは、子供を育てるにあたって最も重要なことだと言っても過言ではない。それなのに「自己肯定感を高めたい」という理由でこのようなしつけをきちんとしないと、その子は自己肯定感が高まるのはおろか、むしろ自己肯定感が著しく低下してしまいかねない。なぜなら、社会のルールを何も知らないまま自分勝手に振る舞うので、周りから敬遠されるからだ。

　このようなことを考えても、子供にきちんと物事の良し悪しが身につくまでしつけをすることは非常に重要だ。

[1]　筆者は、「受容的な育児」についてどう述べているのか。

1　子供の自己肯定感を成長させる育児方法だ。
2　子供の自己肯定感を低下させる育児方法だ。
3　子供のストレス耐性を高めるにいい育児方法だ。
4　子供の人間関係に役に立つ育児方法だ。

[2]　子供に対する筆者の考えと合っているものを選びなさい。

1　子供は未熟なので、しつけをして社会規範を教えていくべきだ。
2　子供は大人並みの判断能力と思考力を持っているため、しつけは要らない。
3　子供は自己肯定感が高くないので、無条件に褒めるべきだ。
4　子供の意見を無条件に受容しなければ、子供の精神的な成長は期待できない。

[3]　筆者の考えに合っているものはどれか。

1　しつけを通して、子供に社会規範を身につけさせるべきだ。
2　子供のすべてを受け入れられる心の余裕が欲しい。
3　子供の自己肯定感を高めるために、いろんな経験をさせなければならない。
4　子供は自然に社会のルールを学ぶので、しつけは要らない。

宗教改革といえば、多くの人がドイツのマルティン・ルターの宗教改革を考える。ところが、実はそれに劣らないほど重要な改革がある。それは、イギリスのヘンリー8世による改革である。この改革は、ローマ法王(注1)の影響下にあったヨーロッパ大陸において、王がその影響力から抜け出し、権力を握ったという点で重要である。その上、人へ「平等意識」を芽生えさせたという点でも重要な意味を持っている。

ヘンリー8世がローマ法王からイギリス国教会(後の聖公会)を独立させたことは、平民に大きなショックを与えた。それまでローマ法王は、ヨーロッパの人には「神の代理人」であり、また、だからこそ絶対的に従うべき存在であった。そのような彼が無力にも王との争いに負け、権力を失ってしまったのである。これは人々がローマ法王の神聖な力を疑うようにし、その存在への根本的な疑問を持たせるきっかけとなった。

そこから人々は、「ローマ法王は本当に絶対的な存在なのか」と疑うようになり、「彼が絶対的な存在でなければ、強いて彼の言うことを聞くこともないのでは」と考えるようになった。そしてそこから、「法王だって王だって、権力がなければ何もない人なんだ、我々と同じなんだ」という、原始的(注2)ではあるが「平等」という概念が芽生えたのである。

こういった思想が芽生えたイギリスから、後にジョン・ロックという政治家が輩出され、今にも繋がる「抵抗権」という概念が生まれたのは、偶然ではない。「絶対的権力者の不在」を経験したイギリス人は、「権力者」という概念が変わり、「権力者でも、その役割を果たしていないなら反対を示してもいい」と思うようになった。

ロックはこのような考えを発展させ、「権力者は市民の「代表」にすぎない、政治の主役は王ではなく市民だ」という概念に確立させた。そしてこれは、「抵抗権」という民主主義の原点と言ってもいい思想になり、今でも多くの国々の基本理念としての役割を果たしている。

(注1) ローマ法王：カトリック教会の指導者、教皇
(注2) 原始的：初期の段階で、まだ進化と発達が行われていない様

| 1 |　筆者による、ヘンリー8世の宗教改革の重要性とは何か。

1　ローマ法王の権威が強くなったこと
2　王の権力が宗教を超えた初の事件であること
3　平等意識を芽生えさせたこと
4　王に対する忠誠心を植え付けたこと

| 2 |　人へ「平等意識」を芽生えさせたの意味は何か。

1　絶対的な権力はなく、権力者に抵抗してもいいという考えが芽生えた。
2　一般市民に対するローマ法王の影響力が薄れた。
3　権力を握れば、誰でも王やローマ法王のように振る舞うと知った。
4　王こそ自分たちを自由にできる存在だと知った。

| 3 |　「抵抗権」の意味として正しいものを選びなさい。

1　権力者には、何があっても必ず従うべきである。
2　権力者としての役割をしているかを常に監視するべきである。
3　権力者の言うことを疑うべきである。
4　権力者の役割を果たしていないならば、彼に反対してもいい。

| 4 |　筆者の考えに合っているものはどれか。

1　イギリスから始まった「抵抗権」は、今は廃れた概念である。
2　「抵抗権」は、イギリスのホッブスにより作られた概念である。
3　「抵抗権」は、今の社会にも通用している概念である。
4　「抵抗権」は、ドイツから始まった概念である。

 확인 문제

다음 글을 읽고, 질문에 답하세요.

　人権は、5つの基本的人権で構成されている。自由権、平等権、社会権、参政権、請求権がそれであるが、多くの人が「自由権」と「社会権」の相違点が分からないようである。

　「自由権」とは、簡単に言えば「国からの自由」のことを言う。つまり、国から束縛されない権利のことで、この権利だけは何をしても国が統制や禁止することができない。例えば、国は特定の宗教を信じないからといって、国民の命を奪ってはいけない。また、いくら罪を犯したとしても、法的な手続きなしに国民を閉じ込めることもできない。そのようなことが自由権である。

　一方、「社会権」とは、「国による自由」である。これは、国民として人間らしく生きていくために、国が国民の最低限の生活を保障することである。例えば、義務教育を受けることも、国民として社会で生きていくための基礎的な教育を受けるということなので、社会権にあたる。

　つまり、自由権は国であっても奪うことのできない、人間の生まれ持っての権利を、社会権は国民として当然保障してもらうべき自由のことを言う。この二つをよく見分けることは、自分が人間として生きていくための基本条件なのである。

　この他にも、憲法で定められていないだけで、人権の範囲は非常に広い。最近はこういった、憲法で定められていない<u>「新しい人権」</u>という概念も登場した。代表的には「プライバシー権」が挙げられるが、これは時代の変化により個人のプライバシーが重要になってきたことから出てきた新しい権利である。こういった人権は憲法上で明示されていないが、それでも厳重に守られるべきものと認められており、現在は多くの国がこの権利の保護活動に力を入れている。

　人権は、人間ならば誰でも必ず保護されるべき概念である。だからこそその意味をはっきり分かっておいた方が、人権が侵害された際、しっかり対応できるので、その意味を常に心に留めてほしい。

__1__　自由権の内容として正しいものはどれか。

1　国により守られるべき権利のことを言う。

2　国から侵害されることを許さない権利のことを言う。

3　国により制限されることができる権利のことを言う。

4　義務教育を受ける権利がこれに当てはまる。

__2__　社会権の内容として正しいものはどれか。

1　義務教育を受ける権利がこれに当てはまる。

2　国から侵害されないことを前提にした権利である。

3　国により制限される権利のことを言う。

4　罪を犯した際、裁判を受けることができる権利のことを言う。

__3__　「新しい人権」が作られた理由は何か。

1　国民としての基本的な権利が守られていないため

2　国民が基本的人権の拡大を望んだため

3　時代の変化により、基本的人権以外の人権の尊重が必要となったため

4　基本的な権利の意味が拡大されたため

__4__　筆者の考えに合っているものはどれか。

1　基本的人権の中に新しい権利も入れ、憲法上で保護される権利を増やすべきだ。

2　自由権が最も重要なので、自由権の意味をしっかり覚えておくべきだ。

3　社会権が最も重要なので、社会権の意味をしっかり覚えておくべきだ。

4　人権の意味をしっかり分かって、人権が侵害された際に対応するべきだ。

DAY 28　실전 문제　통합 이해

A

　森林は大きく分けて二つの種類がある。一つは「天然林」であり、もう一つは「人工林」である。人工林は主に木材の生産を目的に、用途に合わせた木だけを人間が植えた森林のことである。人工林は、間伐(注1)などの育成事業が行われているので、別名で育成林とも呼ばれる。一方天然林は、自然の力によって発芽し、育ち、森林としての役割をしているものを言う。人工林は日本の森林の4割ほどを占めており、天然林は5割ほどを占めている。一見同じような森林でも、深く調べてみると違いが分かるのである。

B

　生物多様性を考える上で、より重要視するべき森林といえば、言うまでもなく天然林だ。人工林はその目的が確実だ。だからその目的に合わせた種類の木しか植えないし、育てない。当然、そこにやってくる植物や動物の群れも、その木と同じ環境で暮らしているものに限られる。こういった人工林が広がると、国内の生物多様性は保たれなくなり、やがて日本は生物多様性に非常に乏しい国となってしまうだろう。もちろん、環境問題も激しくなるに相違ない。そういったことを防ぐためにも、我々は天然林を守ることに力を注ぐべきだ。

(注1) 間伐：木の育成をよくするため、適当な間隔で木を伐採すること

__1__　AとBともに触れられているものを選びなさい。

1　人工林の特徴
2　人工林が占めている割合
3　天然林が占めている割合
4　天然林の重要性

__2__　AとBで述べられているものとして正しいものを選びなさい。

1　Aは天然林と人工林の違いを、Bは天然林の重要度について述べている。
2　AもBも、天然林の重要性について述べている。
3　Aは人工林の役割を、Bは天然林の環境への影響について述べている。
4　Bでは、人工林の存在価値について述べている。

__3__　AとBの内容の相違点について正しいものを選びなさい。

1　Aは、森林の種類を紹介しており、Bは森林の種類についての自分の見解を述べている。
2　Aは、森林の価値を紹介しており、Bは森林の種類について述べている。
3　Aは森林の種類を読み手に説明しており、Bは森林保護の方法を紹介している。
4　Aは、森林を守るべき理由について話しており、Bは森林の種類を紹介している。

A

　認知症というのは、老化(ろうか)などの理由で脳の細胞が機能しなくなり、脳の働きが低下していく病気のことを言う。認知症の患者は、記憶力はもちろん、判断能力も落ちていくので、専門の介護士ではない人が世話をするには大変苦労がある。それで、家族が認知症を発病したら、専門の療養施設に入院させた方がいい。アジアの国は認知症にかかった家族、特に親を施設に入院させることを嫌がるきらいがあるが、これは、患者本人にも、家族にもよくない。専門家に任せた方が、患者の症状緩和に役に立つと信じよう。

B

　認知症は、高齢者のかかる病気だという認識があるが、必ずしもそうではない。場合によっては、若いころから発病することもあるとのことだ。特に最近は、スマートフォンの影響で単純な刺激に慣れてしまったせいで、脳をあまり使わなくなり、認知症のような症状を見せる「デジタル認知症」も生じているらしい。認知症を予防するためには、単純な快楽ばかりを求めるのではなく、時間をかけて、物事についてじっくり考える練習をしておく必要がある。

[1] 認知症について、AとBの意見として正しいものを選びなさい。

1 A、Bともに、家族が認知症にかかった際の対策について述べている。
2 Aは、認知症は若者ではなく、高齢者のみかかる病気だと述べている。
3 Bは、認知症を予防するためには、物事をじっくり考える必要があると述べている。
4 Bは、認知症は専門家とも協力して治療していくべきだと述べている。

[2] 本文の内容と一致しないものはどれか。

1 認知症は、家族が協力して対応するべきだ。
2 認知症は、専門家に任せるべきだ。
3 近年、認知症が発病する若者が多くなった。
4 認知症は、高齢者のみかかる病気ではない。

[3] 認知症の説明として合っているものを選びなさい。

1 脳の機能が低下し、記憶力や判断力が低下する病気のことを言う。
2 若者には発病せず、高齢者にのみ発病する病気のことを言う。
3 若い頃に発病する割合が高い病気である。
4 老化(ろうか)が原因で、デジタル機器の使い過ぎとは関係がない。

フランス革命後、権力を握ったロベスピエールは、先進的な政策を行うなど、社会の安定と改革に積極的だったことでよく知られているが、裏では恐怖政治の主犯と呼ばれるほど、反対派を残酷に処刑したことでも有名だ。彼の人生から、私たちは政治家が持つべき姿勢とは何かを考えてみる必要がある。

　ロベスピエールは確かにいい政治家だった。彼には信念があり、それを実現していくリーダーシップもあった。彼は社会の改革にも積極的で、徴兵制や義務教育など、当時の基準からすると非常に先進的な政策も行った。それなのに彼が結局失脚してしまった最も大きな失敗要因は、反対派のことを押しつぶそうとしたことだ。

　彼は自分の政策に反対を示されることを許さなかった。反対派は、革命直後の不安な政局を安定させ、社会混乱を鎮める目的にかこつけて、処刑した。しかしそれは、国民が彼に対し信頼感を抱くのはおろか、「彼は自分に反する人を許さない人だ」という不信を抱かせることにしかならなかった。結局、彼の革命政府はたった3年で終わりを告げた。

　一生懸命に考えて出した結論や意見を誰かに反対されると、不愉快な気持ちになるのは、誰でも同じだ。ただし、反対する側の意見もよく聞くべきだ。なぜなら、反対の意見から自分が見落としてしまった事実や問題点を見つけ、それが自分の意見や考え方をより豊富にし、発展させることにつながるからだ。反対されたからといって、相手の話は聞かずに敵意を持ってしまうと、ロベスピエールのようになりかねない。

　ロベスピエールの話は、現代の政治にも当てはまる。ニュースを見ていると、よく政治家たちがお互いを中傷することを目にする。彼らは、反対されたこと自体に憤慨し、それが一理ある意見なのにもかかわらず相手を中傷する。そのままでは、政治をよりいい方向へ進められない。冷静に、相手の言うことを傾聴する姿勢を持ってほしい。

(注1) 鎮める：落ち着かせる
(注2) 終わりを告げる：終わる
(注3) 敵意：相手を敵として憎む気持ち

1　ロベスピエールが恐怖政治の主犯と呼ばれた理由は何か。

1　反対派を残酷に処刑したため
2　革命を起こそうとする市民を押しつぶそうとしたため
3　国王夫婦を残酷に処刑したため
4　反対派の暗殺(あんさつ)や中傷を頻繁に行ったため

2　筆者が反対する側の意見もよく聞くべきだと言う理由は何か。

1　反対の意見は、自分に正しいことを教えているから
2　反対の意見を聞くことで、自分の意見の正当性が目立つから
3　自分と違う意見を聞いてあげると、いい人のように見えるから
4　新しい見解が見つかり、そこから自分の意見を発展させられるから

3　筆者によると、「相手の意見を聞かないとロベスピエールのようになる」とはどういうことか。

1　全ての人に好かれ、支持される。
2　ずっと権力の頂点にいられる。
3　人々の支持を失い、失脚(しっきゃく)するかもしれない。
4　少数の人にしか支持されない。

4　この文章で、筆者が最も言いたいことは何か。

1　反対派の意見は無視してもいい。
2　反対する側の意見もきちんと聞くべきだ。
3　政治は、自分に賛成してくれる人とだけすればいい。
4　反対派の意見は、聞くふりをするだけでもいい。

　プラスチックゴミ問題が深刻化している。海岸はプラスチックゴミで溢れており、魚介類には有害物質が蓄積され、人がそれを摂取(注1)する際にも注意を払わねばならない。このままでは、子供たちに残すべきものは一つもなくなる。こういった環境を改善し、プラスチックゴミ問題を解決することは、これまで大量にプラスチックを消費してきた我々の責任である。

　OECD(経済協力開発機構)によると、プラスチックゴミの排出量は2019年に3億5300万トンであり、これは20年前の2倍に至る数値である。その中でも日本の排出量はアメリカに次いで多い。だからこそ日本は責任を持ってプラスチックゴミの削減に臨むべきであるが、なぜか非常に消極的な態度を取っているように見える。

　プラスチックゴミを無くすためには、まずは生産されるプラスチックの数を削減するべきである。その問題を巡り、特に環境問題に敏感な欧州(注2)は世界共通の削減目標と基準を立て、プラスチックの生産量の全体的な削減と規制をすることを主張している。そうでないと、国ごとにプラスチックを排出する量が一定ではなくなるので、現実的にプラスチックゴミを削減するには難しいとのことである。しかし、それに対して日本や中国、アメリカなどは生産、消費の段階に求められる取り組みを各国の事情に合わせて実施するべきであると主張している。筆者には、日本側のこういった主張が非常に安易な考え方であると思わざるを得ない。

　プラスチックはその利便性から人間社会に欠かせない物となっているがゆえに、プラスチックを生産・消費したがらない国など存在しない。したがって、共通の基準を適用しない限り、プラスチックの生産・排出量が減るわけがない。国際社会で批判されても、「国の事情により仕方がなかった」と言い訳すればそれで終わりである。それでは、プラスチックゴミの削減は永遠にできないと言っても過言ではない。世界共通の基準を立て、それを違反した場合は、事情のいかんによらず処罰すること以外、方法はない。

　私たちはもっと、環境問題を深刻に捉える(注3)べきである。もう、「国ごとの事情を考える」云々などと言っているどころではない。世界が責任を持って、解決に向かい力を合わせる時期ではないだろうか。

(注1) 摂取：食べ物を体内に取り入れること
(注2) 欧州：ヨーロッパ
(注3) 捉える：ここでは、問題視する、認識する

| 1 |　このままでは、子供たちに残すべきものは一つもなくなるというが、その理由は何か。

1　プラスチックゴミによる環境汚染が深刻化し、取り戻せなくなるから
2　プラスチックが生産できなくなり、子供が使えなくなるから
3　プラスチック生産による公害病により、海の食物がなくなるから
4　プラスチックゴミの処理費用のため、世界の経済が悪化するから

| 2 |　日本が消極的な態度を取っていることについて、筆者はどう考えているか。

1　国民のことや経済規模を考えるしかないので、仕方がないと考える。
2　プラスチックゴミは日本とは関係がないので、そのままでもいいと思う。
3　多くの量のプラスチックゴミを排出しているのに、その態度は良くない。
4　プラスチックゴミについての、日本ならではの政策を立てればいいと思う。

| 3 |　筆者によると、プラスチックゴミの削減は永遠にできないと思う理由は何か。

1　国ごとに違う基準を適用すると、言い訳するだろうから
2　プラスチックは必需品なので、削減したくてもできないから
3　プラスチックゴミに対する強制的な法律がないから
4　国により、プラスチックゴミの排出量が違うから

| 4 |　この文章で、筆者が最も言いたいことは何か。

1　世界共通の基準を立て、それに合わせてプラスチックゴミを処理するべきだ。
2　国ごとの事情を考えて、プラスチックゴミの処理基準を立てるべきだ。
3　日本が責任を持って、プラスチックゴミの処理基準を立てるべきだ。
4　プラスチックゴミに対し、世界がもっと関心を持つべきだ。

DAY 30 실전 문제 정보 검색

1　片岡さんは一昨日出た映画のDVDを1枚借りたい。退勤してから見ることになるので、できれば4泊くらいは借りていたい。片岡さんはいくら払えばいいか。

1　450円

2　1,000円

3　650円

4　850円

2　本田さんは、セットレンタルで漫画を20冊借りたが、一週間ほど延滞してしまった。本田さんが追加で払う料金はいくらか。

1　700円

2　1000円

3　800円

4　1500円

ビデオの殿堂 レンタル料金表

		当日	1泊	2泊	7泊	延長料金 (1日当たり)
DVD ブルーレイ	最新作		360	450		200
	新作		360		450	
	旧作				200	
CD	最新作	250	300	350		150
	新作	250			300	
	旧作	100	120	150		
コミック	全品			100	200	100

※「最新作」は発売後7日以内、
「新作」は発売後14日が経過したものとします。

(税込)

セットレンタル料金表

DVD ブルーレイ	新作もOK！ ※新作は1泊2日	5 枚	1,000 円
CD	新作もOK！ ※新作は1泊2日	5 枚	1,000 円
コミック 全品	7泊8日 一度に	10 冊	800 円
		20 冊	1500 円

(税込)

- レンタル料金表の値段は各項目の1枚(1冊)当たりの金額です。
- 貸出上限数は以下の通りです。

  DVD・ブルーレイ・CD　50枚まで　　コミック　100冊まで

- 事前のお知らせなしに延滞された場合は、1日あたり100円の延滞料金がございます。

확인 문제

1 モートさんは、日本語学校に通いたい。1年間通える学校の中で、日本語能力試験と日本留学試験の両方を支援してくれる学校がいい。モートさんが申し込む学校の組み合わせとして正しいものはどれか。

1　ACE日本語学校・JLS語学校
2　吉田（よしだ）アカデミー・日本語センター
3　ACE日本語学校・河合（かわい）学院
4　メリット国際学校・未来ランゲージアカデミー

2 ジャンさんは、大学受験コースがある学校の中で、学費が100万以下の、学費減免や合格後の奨学金がもらえる学校を探している。ジャンさんが申し込む学校の組み合わせを選びなさい。

1　JLS語学校・KLSスクール
2　ここにはない。
3　日本語センター・大阪外語学院
4　KLSスクール・メリット国際学校

府内日本語学校一覧

学校名	授業料	募集学期	詳細
ACE日本語学校	100万円	4月・10月	通信講座あり 日本語能力試験・ 日本留学試験検定料支給
JLS語学校	75万円	4月	大学入試専門 日本留学試験検定料支給 大学合格奨学金支給
KLSスクール	70万円	4月	大学入試専門 大学合格奨学金支給 通信講座あり
河合学院	101万円	4月	長期教育のみ 日本語能力試験・日本留学試験 検定料支給 日本語能力試験・日本留学試験 成績優秀者学費減免制度あり
吉田アカデミー	65万円	10月	短期教育のみ 日本語能力試験成績優秀者 学費減免制度あり
日本語センター	105万円	4月・10月	大学入試コースあり ビジネス講座あり 学費減免制度あり
未来ランゲージ アカデミー	85万円	4月・10月	日本留学試験検定料支給 通信講座あり
大阪外語学院	67万円	10月	大学入試コースあり
メリット国際学校	75万円	10月	短期教育のみ 日本語能力試験成績優秀者 学費減免制度あり

※学期区分 … 4月学期：長期(1年)　10月学期：短期(6ヶ月)

1일 1장으로 완벽 대비

JLPT N1
청해편

 **청해체크** 과제 이해 공략

과제 이해

1 지문의 특징
   - 지문 종류: 일상생활에 관련된 실생활 대화문
     - 선택지는 미리 공개됨
     - 대화문의 상황이 다른 레벨보다 다양함
   - 문제 유형: 대화에서 주인공이 해야 할 과제 찾기
     - 대화 이후의 행동 고르기
     - 대화 전체에서 주인공의 과제가 무엇인지 고르기
   - 지문 및 문제 수: 총 6문제

2 문제 공략법
   - 선택지 읽어 두기
     - 본문의 핵심 대사를 간략하게 한 것이 답
   - 문제의 의도(과제)와 주인공 파악하기
   - 대화문 안에서 주인공에게 내려진 지령을 빠르게 파악하기

3 예상 질문

- ○○は、これからどうしますか。
- ○○は、このあと(まず)何をしますか。
- ○○は、(このあと)何をしなければなりませんか。
- ○○は、どのように〜しますか。

음성을 듣고 질문에 답하세요.

1 女の人はこれからどうしますか。

① 序論(じょろん)の説明を修正する

② 本論の内容を作成する

③ レジュメを見せる

④ 新しい論文を引用する

2 もう1度聞いて、空欄を埋めてください。

F ： 先輩、明後日のゼミ発表のレジュメ、見てもらえないですか。

M ： どれどれ、ふーん…。いいんじゃない？分かりやすいよ。

F ： そうですか。あ、よかった。ただ、＿＿＿＿＿＿＿＿＿＿＿＿＿＿＿＿＿＿＿＿＿＿＿＿＿＿＿＿＿＿、これ以上は、私の力ではなす術(すべ)もなくて…。

M ： 言われてみれば、確かにそうでないとは言えないけど、まあそこはいいかな。…それより、ここ、＿＿＿＿＿＿＿＿＿＿＿＿＿＿＿＿＿＿＿＿。

F ： あ、はい。

M ： ＿＿＿＿＿＿＿＿＿＿＿＿、＿＿＿＿＿＿＿＿？しかもこれ＿＿＿＿＿＿＿＿＿＿＿＿＿＿＿＿＿＿＿＿＿＿＿＿。先行研究として成り立たないと思うけど。

F ： そうですね…。＿＿＿＿＿＿＿＿＿＿＿＿＿＿＿＿＿＿＿＿＿＿＿＿＿。

M ： うん、その方がいいと思うよ。信憑性(しんぴょうせい)は大事だから。＿＿＿＿＿＿＿＿＿＿＿＿＿＿＿＿＿＿＿？今日中に予約しないと、使えないぞ。

F ： はい、それはばっちりです。

DAY 02 청해체크 과제 이해 파악하기 ①

오늘의 듣기

F：松原さん、私これから支店長会議で出掛けるけど、その間、店のこと、よろしくね。

M：了解です。

F：商品の陳列は2時に橋迫さんが来てからするだろうから、松原さんは在庫を確認して、足りない分は発注してくれる？発注したものはパソコンの「発注目録」に記入しといて。

M：はい。

F：あ、あと、廃棄商品の管理もお願いしていいかな。賞味期限が切れている物があったら、いつものように台帳に記録してから捨てて頂戴。

M：あ、それは、さっきしておきました。今日、午前中あまりお客さんもいなかったので。

F：そう！ありがとう。それと、午後に宅配便を取りに配達員さんが来るから、それも渡しておいて。多分4時くらいに来ると思うよ。

M：分かりました。あ、それで思い出しました。そろそろ宅配便の伝票が切れそうですけど、配達員さんにもらっときましょうか。

F：あ、そうだね。じゃ、私が今電話しておくから、来たらもらっといて。

M：了解です。

男の人はこのあとまず何をしますか。

1　在庫を確認して発注する
2　賞味期限が切れた商品を廃棄する
3　商品を並べる
4　宅配便の伝票をもらう

음성을 듣고 질문에 답하세요.

1 女の人は、これからまず何をしますか。

① 簿記IIを履修する
② 担当教員の推薦状をもらう
③ 成績証明書を発行する
④ 社会保険に加入する

2 もう1度聞いて、空欄を埋めてください。

F ： すみません、＿＿＿＿＿＿＿＿＿＿＿＿＿＿＿＿＿＿＿＿＿＿。

M ： はい、参加するためには、＿＿＿＿＿＿＿＿＿＿＿＿＿＿＿＿必要が
　　　ありますが。

F ： ええ、大丈夫です。こちら、＿＿＿＿＿＿＿＿＿＿＿＿＿＿＿＿＿。

M ： はい、ありがとうございます。＿＿＿＿＿＿＿＿＿＿＿＿＿＿＿。

F ： 米沢銀行です。

M ： 承知しました。こちらに申し込む場合、＿＿＿＿＿＿＿＿＿＿＿＿
　　　必要がありますが、既に履修済みですか？

F ： はい、あの、＿＿＿＿＿＿＿＿＿＿＿＿＿＿＿＿＿＿＿＿＿＿と
　　　言われましたが…。

M ： それは、合格したら会社側が行いますので、今は大丈夫です。

F ： あ、そうですか。分かりました。

M ： あと、＿＿＿＿＿＿＿＿＿＿＿＿＿＿＿＿はお持ちですか。

F ： あ、それも必要ですか。

M ： 金融系の会社に申し込む際は必須となっております。

F ： 分かりました。じゃ、もらってからにします。

DAY 03 　청해체크　과제 이해 파악하기 ②

오늘의 듣기

M : 僕は大学3年生です。周りにはもう夏休みなのに内定をもらっていない先輩がたくさんいて、僕も内定のことを考えるだけで気が重くなります。

F : そうですね。まずは、自分のやりたいことや、職務についてじっくり考えて、就きたい業界を決めた方がいいですね。

M : 僕は、金融系の会社に勤めたいと思っていて、証券会社や銀行、信用金庫などを目指そうと思います。

F : いい姿勢です。特に、一つの会社にこだわるのではなく、いろんな道を考えているのがとてもいいです。

M : ありがとうございます。エントリーシートや履歴書についてもご助言をいただけますでしょうか。

F : 会社側に自分をアピールすることももちろん重要ですが、現時点では先走りだと思います。それより、資格はどのようなものをお持ちですか？

M : はい、運転免許と、秘書検定、簿記、基本情報処理技術者を持っています。

F : 志望する業界に合う資格が少ないですね。行きたい業界がすでに決まっているならば、その業界が要求する資格を取るに越したことはないです。そこを踏まえて考えてみましょう。

M : ありがとうございます。

男の人は、このあと就職に備えて新たに何をしますか。

1　行きたい業界を決める
2　業界に合った資格を取る
3　エントリーシートを書く
4　履歴書の書き方について相談する

음성을 듣고 질문에 답하세요.

1 女の人は、これからどうしますか。

　① 横川と会議に参加する
　② 野村に電話する
　③ 横川に野村の連絡を伝える
　④ 横川に電話する

2 もう1度聞いて、空欄を埋めてください。

F ： はい、三葉商事の後藤です。

M ： いつもお世話になっております。四菱ガスの野村と申します。
　　＿＿＿＿＿＿＿＿＿＿＿＿＿＿＿＿＿＿＿＿＿＿？

F ： いつもお世話になっております。＿＿＿＿＿＿＿＿＿＿＿＿＿＿＿
　　＿＿＿＿＿＿＿＿＿＿＿…。どのようなご用件でしょうか。

M ： あ、そうですか…。あの、＿＿＿＿＿＿＿＿＿＿＿＿＿＿＿＿＿
　　＿＿＿＿＿＿＿＿。ちょっと急用ですので、＿＿＿＿＿＿＿＿＿
　　＿＿＿＿＿＿＿＿＿＿＿＿。

F ： そうですね…、はっきりとは言えませんが、＿＿＿＿＿＿＿＿＿
　　＿＿＿＿＿＿…、＿＿＿＿＿＿＿＿＿＿＿＿＿＿＿＿予定になって
　　おります。

M ： あ、そうですか。

F ： お急ぎでしたら、＿＿＿＿＿＿＿＿＿＿＿＿＿＿＿＿＿＿横川から
　　折り返しさせることも可能です。

M ： あ、そうですか。では、＿＿＿＿＿＿＿＿＿＿　＿＿＿＿＿＿、
　　＿＿＿＿＿＿＿＿＿＿＿＿＿＿＿とお伝えいただけますでしょうか。

F ： かしこまりました。ご伝言、承りました。

85

DAY 04　청해체크　과제 이해 파악하기 ③

오늘의 듣기

F：石田くん、企画書一通り見たけど、ちょっと直してほしいところがあるのよね。

M：はい。どちらでしょうか。

F：全体の金額は妥当な線だけど、金額の詳細がね。適当というか、大雑把というか…。

M：ということは…。

F：要するに、もうちょっと細かく分けて金額を入力した方がいいってことよ。今のままじゃ、
どこにいくら使ってこの金額になったか分からないじゃない。これじゃ、社長が通してくれっこないよ。

M：了解しました。修正します。

F：それと、ここもね。マーケティングポイント。これ、マーケティング部とも話し合ったのかな？アイデアはいいけど、マーケティング部からOKもらってないと、台無しになるの。

M：はい、そこは話し合ってから書きました。

F：そぉ？じゃ、いいけど。あ、もう1ヶ所だけ。ここのグラフ、画質が落ちているからプレゼンまでには直すこと。

M：はい、分かりました。

F：じゃ、差し当たりさっきの点だけ直しておいて。

男の人は、このあとまず何をしなければなりませんか。

1　企画書を書く
2　金額の詳細を修正する
3　マーケティング部署と会議をする
4　グラフを新しいのに変える

음성을 듣고 질문에 답하세요.

1 女の人は、これからまず何をしますか。

① プレゼンの資料を作る

② 会議資料をまとめる

③ 会食の食堂を探す

④ プレゼンの資料を修正する

2 もう1度聞いて、空欄を埋めてください。

M ： 大島さん、プレゼンの資料お疲れ様。今見たんだけど、

　　＿＿＿＿＿＿＿＿＿＿＿＿＿＿＿＿＿＿＿＿＿＿＿＿＿＿＿。

F ： あ、はい！ありがとうございます！

M ： うん、それで、今から修正してもらえるかな？

F ： あ…。あの、実は、さっき西村課長に頼まれた＿＿＿＿＿＿＿＿＿＿

　　＿＿＿＿＿＿＿＿＿＿＿＿＿…。＿＿＿＿＿＿＿＿＿＿＿＿＿＿＿

　　＿＿＿＿＿＿＿＿＿＿？1時間ほどで終わる見込みですが…。

M ： あ、それも君がしていたか。うーん…。僕のって、本当にメモ見てそのまま写せ
ばいいものだからそんなに時間かからないと思うけど。15分くらいじゃな
いかな？＿＿＿＿＿＿＿＿＿＿＿＿＿＿＿＿＿＿＿＿＿＿＿＿＿＿？
急ぎなんで。

F ： はい、かしこまりました。

M ： あと、今度、＿＿＿＿＿＿＿＿＿＿＿＿＿のことだが、大島さんも来るんだ
よね？

F ： はい、その予定です。

M ： そう。あそこの社長、実はお肉が好きだけど、最近お肉は控えているんだ
って。だから、＿＿＿＿＿＿＿＿＿＿＿＿＿＿＿＿＿＿＿＿＿＿＿＿＿。

F ： 分かりました。

M ： それは、＿＿＿＿＿＿＿＿＿＿＿＿＿＿＿＿＿＿＿＿＿＿＿＿＿。

DAY 05　単元정리　중간 점검 ①

음성을 듣고 질문에 답하세요.

1 女の開発者は、明日までにホームページをどのように改善しますか。

　① カテゴリーアイコンに文字を追加する

　② カテゴリーアイコンをイラストに変更する

　③ カテゴリーの位置を変える

　④ 新商品とセールの情報をホームページに入れる

2 もう1度聞いて、空欄を埋めてください。

M ： 先日行ったホームページ改善に関するアンケートの結果を基に＿＿＿＿＿＿＿＿＿＿＿＿＿＿＿＿＿＿＿＿＿＿＿＿＿＿＿＿＿＿＿＿＿＿と思います。

F ： はい。

M ： ＿＿＿＿＿＿＿＿＿＿＿＿＿＿＿＿＿＿＿＿＿＿＿＿＿＿という要望があったので、＿＿＿＿＿＿＿＿＿＿＿＿＿＿にその内容を入れたいんですが、どのくらいかかりますか。

F ： そうですね…。＿＿＿＿＿＿＿＿＿＿＿＿＿＿のコードを全体的に修正することになりますので、＿＿＿＿＿＿＿＿＿＿＿＿＿＿＿＿＿＿＿＿。それまではポップアップで情報を提供したらどうですか。

M ： それで行きましょう。あと、＿＿＿＿＿＿＿＿＿＿＿＿＿＿＿＿＿＿＿＿＿＿という意見もありました。

F ： そうですか。カテゴリーアイコンが＿＿＿＿＿＿＿＿＿＿＿＿＿＿＿＿＿＿＿＿＿＿＿＿＿＿＿＿＿＿かと思って、あえて隠したのですが、そのせいですかね。

M ： いや、＿＿＿＿＿＿＿＿＿＿＿＿＿＿＿＿＿＿＿＿＿＿＿＿＿＿＿＿というより、＿＿＿＿＿＿＿＿＿＿＿＿＿＿＿＿＿ですね。＿＿＿＿＿＿＿＿＿＿＿＿＿＿＿＿＿だけで、＿＿＿＿＿＿＿＿＿＿＿＿＿＿＿ので何を売っているか分からない、ってことでした。デザインはきれいだという意見が多かったので、そのままでいいと思います。＿＿＿＿＿＿＿＿＿＿＿＿＿＿＿＿＿＿＿＿＿＿＿＿＿＿＿＿＿＿＿＿。

F ： はい、それはすぐできます。明日までに終わらせますね。

音声を聞いて質問に答えなさい.

3 男の人は、まず何をしなければなりませんか。

① 査証(さしょう)を申請しに大使館に行く
② 研修に行くためのテストを受ける
③ 英語の資格を取る
④ 研修に申し込む

4 もう1度聞いて、空欄を埋めてください。

F ： ね、社内掲示板の_____、読んだ？

M ： いや、まだ掲示板、読んでいなくて。海外研修って？_____
_____とか？

F ： そうよ。今年から新設したんだって。2週間ほど向こうの会社で新技術を学ぶことができるらしいよ。お知らせに協定を結んだ会社の一覧も書いてあったけど、有名な会社が多かったよ。

M ： へえ、君は申し込むつもり？

F ： うん、めったにない機会だし。グローバル市場で通用する販売方法を身につけたいし。

M ： そうだね。僕も先進技術、身につけたいから、_____。

F ： でも海外に行くもんだから、_____だよ。そういうの持ってる？

M ： それは大丈夫。ちゃんと持ってるよ。海外に行くんだから…、_____
_____がいいかな？

F ： それは、研修に合格してから会社側で一括手続きすると書いてあったよ。

M ： え、「合格したら」ってことは、_____
_____ってこと？

F ： ううん、_____だって。結構人気ありそうだったから、早く申し込まないといけないよ。それに_____
_____。

M ： えー、_____。その対策もしなきゃだな。
ひとまず、_____。

DAY 06 📋 **청해체크** 포인트 이해 공략

포인트 이해

1 지문의 특징
   - 지문 종류: 일상생활에 관련된 실생활 대화문
     - 선택지는 미리 공개됨
     - 선택지를 읽을 시간을 제공(20초)
     - 대화문의 상황이 다른 레벨보다 다양함
   - 문제 유형: 대화의 요점 찾기
     - 이유/목적/요점 찾기
     - 화자의 중심적인 생각이나 의견 찾기
   - 지문 및 문제 수: 총 7문제

2 문제 공략법
   - 문제의 의도(포인트)와 주인공 파악하기
   - 선택지 읽어 두기
   - 지문 전체의 요점을 말하는 부분을 정리해 두기

3 예상 질문

   - ○○は、どうして~
   - ○○は、~について何が~だと言っていますか。
   - ○○が~したきっかけ(理由)は何ですか。
   - これの~は何ですか。
   - 最も重要なことは何ですか。
   - ~について~した方がいいと言っていますか。

음성을 듣고 질문에 답하세요.

1 この男の人は先輩がどうして怒ったと言っていますか。

① 昨日までにスケジュールを伝えなかったから

② きちんとスケジュールを確認しなかったから

③ アルバイトのスケジュールを調整しなければならないから

④ アルバイトのスケジュールを忘れてしまったから

2 もう1度聞いて、空欄を埋めてください。

M ： あー、どうしよう、＿＿＿＿＿＿＿＿＿＿＿＿＿＿＿＿＿＿＿＿＿＿＿。

F ： え？どうしたの？

M ： それがね、＿＿＿＿＿＿＿＿＿＿＿＿＿＿を昨日までに伝えなければならなかったけど。

F ： 伝えなかったの？それは怒るわよ。

M ： いやいや、伝えたよ。だけど今朝、母から電話があってね。来週、＿＿＿＿＿＿＿＿＿＿＿＿＿＿＿＿＿＿＿＿＿、＿＿＿＿＿＿＿＿＿＿＿＿＿＿＿メール送ったんだけど、もう＿＿＿＿＿＿＿＿＿＿＿＿＿＿＿らしくて。

F ： あー。また調整することになるでしょう。あれは面倒くさいよ。

M ： いや、それはしてもらったけど、僕がそもそも＿＿＿＿＿＿＿＿＿＿＿＿＿＿＿＿＿＿＿＿＿＿ってのが後(のち)に分かってさ。そうしたら先輩が、なんで＿＿＿＿＿＿＿＿＿＿＿＿＿＿＿＿＿＿＿＿＿＿＿＿、って。

F ： そりゃそうだよ。

오늘의 듣기

F : みなさん、初めまして。本日から日本中世史の講義を担当する西田と申します。えー、多くの方が日本の中世の特徴というと、政治体制のことを挙げますね。が、実は日本において中世とは、ただ政治体制のみならず、様々なところで社会の変革が起こった時代でした。今学期の講義は、そういった日本中世の社会的変革とその影響についてです。次回から講義は本題に入りまして、中世における社会構造の変化について踏まえていきます。ですがその前に、この初回講義ではまず、「中世」がいつからいつまでの時代かを画していきましょう。歴史を研究するにあたって、時代の区分は非常に敏感な問題ですので、しっかり考えていきましょうか。

今日、このあとの講義のテーマは何ですか。

1 中世における日本の政治体制の変遷
2 中世における日本社会の変化とその影響
3 中世という時代の区分
4 歴史の研究をするにあたっての心構え

음성을 듣고 질문에 답하세요.

1 この遺跡の発見において、どんなことが最も重要だと言っていますか。

　① 初期的な農業が行われたこと
　② 旧石器時代の遺跡であること
　③ 信仰(しんこう)のために建てられた遺跡であること
　④ 高度の文明を持っていたことが分かったこと

2 もう1度聞いて、空欄を埋めてください。

　M ： トルコにはギョベクリ・テペという遺跡があります。この遺跡は、巨大な石造建築物やその柱からなるものですが、なんと1万1700年前の旧石器時代に建てられたものということが分かり、世界を驚かせました。この遺跡では＿＿＿＿＿＿＿＿＿＿＿＿＿＿＿＿＿＿ことと共に、＿＿＿＿＿＿＿＿＿＿＿＿＿＿＿＿＿＿＿＿＿＿＿＿＿＿＿＿とされる構造物が発見されています。そして人々は、この周りに＿＿とみえます。この遺跡が発見される前までは、この時期の人類はまだ＿＿とされていましたが、この遺跡の発見により、今までの常識が覆(くつがえ)される可能性があって、学界が動揺しています。

오늘의 듣기

F：本日スタジオには、世界的な建築賞を受賞した、日本が誇る建築士、吉田守さんにお越しいただきました。吉田さんは、持続可能な建築を目指していらっしゃることで有名ですね。具体的にどういったものなのかご説明をいただけますでしょうか。

M：ええ。長い間、建築は環境問題から自由ではありませんでした。建築の材料を作る過程の中で多くの環境汚染が発生したからです。僕としては、そういったところが大変残念極まりなく、環境を守りながら美しい建築物を作ることはできないものか、と考えてきたわけです。

F：そうなんですね。

M：そこで、できるだけ化学物質は使わず、その地域で手に入る天然材料で建物を建てようと決めたのです。そうなると、一般的な建築材を使うより手間はかかりますが、自然に優しい建築ができますからね。

F：なるほど。おそらく、そういった吉田さんの努力が評価されたのでしょうね。

M：ええ、そうでしょうね。また、最近はそれにとどまらず、地域ならではの雰囲気まで活かした建築物を建てることにも力を入れています。ただし、未だに既成の材料に頼るところが大きいですので、徐々にそこを克服していきたいですね。

建築士は自分の建築が評価されたのはどうしてだと言っていますか。

1　化学物質でも持続可能な建築ができるということを見せたから
2　モダンなデザインが評価されたから
3　地域ならではの雰囲気を活かせたから
4　建築物に天然材を使ったから

음성을 듣고 질문에 답하세요.

1 女の人は、職業を変えることについて何が心配だと言っていますか。

① 開発の勉強が面白くないこと

② 女性の開発者が選ばれるかということ

③ 仕事と生活の均衡が取れなくなること

④ 開発の勉強が複雑で、難しいこと

2 もう1度聞いて、空欄を埋めてください。

F ： 最近、＿＿＿＿＿＿＿＿＿＿＿＿が人気の職業として注目されているよね。学歴はもちろん、性別も問わないで、＿＿＿＿＿＿＿＿＿＿＿＿＿＿＿＿＿というしね。

M ： そうだね。僕の周りにも、それに魅力を感じてソフトウェア開発を勉強している人もいるよ。

F ： でしょう、で、＿＿＿＿＿＿＿＿＿＿＿＿＿と思っているんだけどね。

M ： え、本当に？なかなか難しい決定をしたな。

F ： うん。今の仕事も安定しているし、悪くはないけど、やっぱりね、いろいろと限界が見えてくるもんだから、まだ若いうちに新しいものに挑戦してみたくてね。でも、ちょっと＿＿＿＿＿＿＿＿＿＿＿＿＿＿＿…。

M ： どうして？ああ、＿＿＿＿＿＿＿＿＿＿＿＿＿＿＿＿＿＿＿だから。難しいだろうね。

F ： それもあるけど、それより、ソフトウェア開発って繊細な作業だから、少しでも間違えたら動かなくなるでしょう。だから、そのテストを何回も行わないといけないとか聞いたのよ。ちゃんと動くまで残業が続くんだって。そうなると、＿＿＿＿＿＿＿＿＿＿＿＿＿＿＿＿＿＿＿＿＿＿＿＿から、ちょっと怖いかな…と思って。

M ： それは、まず勉強してから考えても遅くないと思うけど。

DAY 09 　청해체크　포인트 이해 파악하기 ③

오늘의 듣기

F : 近年、児童問題に関するニュースをよく耳にしますね。本日は、子供の精神的な問題を解決するために活動していらっしゃる、カウンセラーの荒川さんにお話を伺いたいと思います。実は、荒川さんご自身が子供時代、カウンセリングを受けていたとお聞きしましたが。

M : はい。当時の僕は、自分の気持ちを言葉にすることが下手で、自分の言いたいことが伝わらないとパニックを起こしてしまったんです。相手がじっくり僕の話に耳を傾けてくれると分かればまだ大丈夫だったのですが、実際に相手の話をじっくり聞いてくれる人はあまりいませんからね。

F : それは焦りますね。誤解されたらどうしようと思うと、余計不安になってしまいますから。

M : ええ。それですぐパニックになってしまいましたが、カウンセリングセンターで、僕の話をじっくり聞いてくれて、それに共感までしてくれる方に出会えて。あの人と焦らずに自分の言いたいことを伝える練習をしたら、パニックになることもなくなって。

F : そうだったのですね。

M : 後にあの人がカウンセリング界で有名な方だと知りましたが、あれからあの人のようになりたいと思いましたね。それから、あの人の書いた本を読んだり、心理学を専攻したりして、今に至ります。

F : ご自身の経験が、将来に影響を与えたということですね。

M : ええ、そういうことになりますね。

男の人がカウンセラーとして働くようになった契機は何ですか。

1　自分の話をじっくり聞いてくれる相談者に出会えたこと
2　心理学を専攻したこと
3　児童問題に関するニュースに接したこと
4　カウンセラーの書いた本を読んだこと

음성을 듣고 질문에 답하세요.

1 女の人が獣医になろうと思ったきっかけは何ですか。

① ペットの死を経験したこと
② 捨てられた動物の施設でボランティアをしたこと
③ 動物の病気に関するドキュメンタリーを見たこと
④ 高校時代の先生に勧められたこと

2 もう1度聞いて、空欄を埋めてください。

M ： 本日は、日本における獣医学の権威であり、動物が健康な生活を営むために様々な活動をしていらっしゃる吉澤先生にお話を伺いたく思います。先生は、高校3年になって初めて＿＿＿＿＿＿＿＿＿＿＿＿＿＿＿＿＿＿＿＿＿＿＿とお聞きしましたが。

F ： ええ、そうです。もともと＿＿＿＿＿＿＿＿＿＿＿＿＿＿＿＿＿＿＿＿＿＿＿、特に動物の健康には興味がなく、高2までは普通の医学部、それも外科を志望していましたね。でも、高校3年生になって初めての進路相談で、＿＿＿＿＿＿＿＿＿＿＿＿＿＿＿＿＿＿＿＿＿＿＿と言われまして。

M ： そうだったんですね。

F ： ええ。一生懸命頑張っていたと思ったのに意外とショックで、でも医学に関する仕事に就きたいという気持ちに変わりはなく、じゃどうすればいいか、と相談したところで、先生に＿＿＿＿＿＿＿＿＿＿＿＿＿＿＿＿＿＿＿＿と勧められたんですね。

M ： なるほど。

F ： そこで、半分軽い気持ちで選んだ進路だったのですが、いざ入ってみたら意外と日本って＿＿＿＿＿＿＿＿＿＿＿＿＿＿＿＿＿＿＿＿ということに気づいたのですね。で、そこから＿＿＿＿＿＿＿＿＿＿＿＿＿＿＿＿＿＿＿＿、＿＿＿＿＿＿＿＿＿＿＿＿＿＿＿＿＿＿＿しながら、この分野で自分の力を尽くそう、と決めたんです。

M ： 最初は軽い気持ちでしたけど、だんだん責任感が増してきたということですね。

F ： そうですね。最初の決定は＿＿＿＿＿＿＿＿＿＿＿＿＿＿＿＿＿＿＿、それからは自分の意志でこの道をずっと進もうと決めたということですね。

M ： いい先生の指導というものが、非常に重要だということでしょうかね。

F ： そうかもしれませんね。

DAY 10 　📋 단원 정리　중간 점검 ②

음성을 듣고 질문에 답하세요.

1 女の人は、どうして先生に怒られましたか。

　① 締め切りまでに資料を渡せなかったから

　② 資料が入っていたUSBをなくしたから

　③ 資料の作成が終わっていなかったから

　④ 資料の入っているUSBを勝手に持ち出したから

2 もう1度聞いて、空欄を埋めてください。

　　F ： どうしよう、＿＿＿＿＿＿＿＿＿＿＿＿＿＿。どう謝ればいいかな。

　　M ： え？何かあったの？

　　F ： いや、それがね…。来週のセミナーの資料をね、今日の午前中までに＿＿＿＿＿
　　　　＿＿＿＿＿＿＿＿＿＿＿＿＿＿＿＿＿、＿＿＿＿＿＿＿＿＿＿＿＿…。

　　M ： それで先生、怒ったの？

　　F ： いや、そうじゃなくて。実は、＿＿＿＿＿＿＿＿＿＿＿＿＿＿＿＿＿＿＿＿＿
　　　　＿＿＿＿＿＿＿＿＿＿＿＿＿＿。それで、もう1度検討したくて＿＿＿＿＿＿＿＿
　　　　＿＿＿＿＿＿＿＿＿＿＿＿＿＿＿＿＿＿＿。

　　M ： え、もしかして＿＿＿＿＿＿＿＿＿＿＿＿＿＿＿＿＿とか？

　　F ： ううん、まさか。ただ、念のため資料を私のパソコンにバックアップしてたの。
　　　　そして、朝忙しかったからそれをそのまま＿＿＿＿＿＿＿＿＿＿＿＿＿＿＿＿
　　　　＿＿＿＿＿＿＿＿＿…。

　　M ： それは、先生も怒るよ。

　　F ： ううん、それで怒られたというより、先生がね、重要な文書なのに、どうして
　　　　＿＿＿＿＿＿＿＿＿＿＿＿＿＿＿＿＿＿＿＿＿＿＿、って。

　　M ： そりゃそうだな。

음성을 듣고 질문에 답하세요.

3 男の学生は、前の選挙で若者の投票率が低迷だった理由は何だと言っていますか。

① 政党ごとのマニフェストが不明確だったから

② 政治に関する若者の関心が低いから

③ 選挙の時期がゴールデンウイークと被ってしまったから

④ 支持している政党がなかったから

4 もう1度聞いて、空欄を埋めてください。

M ： 若者の投票率に関する発表のことで調べてみたけど、確かここ最近、若者の投票率がまた低迷しているね。

F ： そうよね。ついこの前の選挙だって、若者の投票率が下がったってニュースで見たの。マスコミとかでは＿＿＿＿＿＿＿＿＿＿＿＿＿＿＿＿＿＿＿＿＿＿＿＿＿＿＿＿＿＿＿＿＿＿＿＿＿って言ってたけど…。

M ： ある新聞でそれに関したアンケート調査をしたことがあったけど、その結果によるとそうではなさそうだけどね。ただ、経済悪化が続いているというのに、＿＿＿＿＿＿＿＿＿＿＿＿＿＿＿＿＿＿＿＿＿＿＿＿＿＿＿＿＿＿＿＿＿＿＿、信頼を持てなかったんだろうな。

F ： そうだよね。院内(いんない)政党ともなれば、何か答えを持っているだろうと思ってたのに、就職問題といい賃金問題といい、＿＿＿＿＿＿＿＿＿＿＿＿＿＿＿＿＿＿＿＿＿＿＿＿＿＿。また、今回は＿＿＿＿＿＿＿＿＿＿＿＿＿と思うよ。5月の頭なんて、ゴールデンウイークの最中じゃん。

M ： マスコミでも時期が悪かったと言うけど、＿＿＿＿＿＿＿＿＿＿＿＿＿＿＿＿＿＿＿＿＿＿＿＿＿＿＿。

F ： じゃ、やっぱり問題はそっちじゃないんだね。

DAY 11　청해체크　개요 이해 공략

개요 이해

1 지문의 특징
    - 지문 종류: 설명문
        - 지문과 선택지 모두 음성으로만 나옴
    - 문제 유형: 대화 속의 주장 또는 주제 찾기
    - 지문 및 문제 수: 총 6문제

2 문제 공략법
    - 메모하기
    - 첫 문제(상황설명)를 듣고 상황과 주인공을 파악하기
    - 내용의 흐름과 결론을 파악하기
    - 두 번째 문제(문제의 의도와 선택지)를 듣고 내용과 일치하는 것 고르기

3 예상 질문

- ○○は(主に)何について話していますか。
- ○○は何について伝えていますか。
- ○○のテーマは何ですか。

음성을 듣고 질문에 답하세요.

1 男の人は何について話していますか。

① ペット産業の拡大
② ペットの飼育頭数が増えた理由
③ ペットを捨てることにより起こる問題
④ 捨てられたペットの処理

2 もう1度聞いて、空欄を埋めてください。

M ： 近年、単身世帯の増加に伴い、ペットの飼育頭数も増えつつあります。それによりペット産業の規模も拡大しており、莫大な経済的効果を生み出しています。ただ、これには明暗もあり、ペットの頭数が増えたかたわら、＿＿＿＿＿＿＿＿＿＿＿＿＿＿＿＿＿＿も日々増加しています。このように捨てられたペットは＿＿＿＿＿＿＿＿＿＿＿＿＿＿＿＿、感染症の原因となり＿＿＿＿＿＿＿＿＿＿＿＿＿＿＿＿こともあります。何よりも問題なのは、捨てられたペットは＿＿＿＿＿＿＿＿＿＿＿＿＿＿＿＿＿＿＿＿＿＿＿＿＿＿＿＿ので、毎日のように大切な命が奪われていることになります。こういった現象を無くすためには、生命の大切さを知り、きちんと責任を取って最後まで世話をすることを忘れないことをおいて他にないです。

DAY 12　청해체크　개요 이해 파악하기 ①

오늘의 듣기

F ： 日本のお城には、「天守」と呼ばれる、高いタワーのような建造物があります。この建造物を、敵の移動や動きを監視するためのものと考えられる方が多くいらっしゃいますが、実はこの建造物には別の役割がありました。この建造物は、当時は政治権力の象徴とされました。天守が高くて華麗であればあるほど、それは城主の政治的影響力と権威を象徴することでしたので、城主はみな競争的に高くて華麗な天守を建て始めたのです。現代にも天守が残っているお城は多いですが、その中で当時の形をそのまま維持しており、かつ文化財として価値があるのはたったの五つだけです。中でも兵庫県の姫路城は世界遺産にも指定されるほど優雅で綺麗なことで有名ですので、ぜひ兵庫に行かれる際は訪れてみてください。

女の人は何について伝えていますか。

1　天守の役割
2　天守で有名なお城
3　天守の軍事的な機能
4　現代の天守の意味

음성을 듣고 질문에 답하세요.

1 男の人が話しているテーマは何ですか。

① まちづくりの事例

② まちづくりの定義

③ まちづくりの歴史

④ まちづくりの始め

2 もう1度聞いて、空欄を埋めてください。

M ： 近年、「まちづくり」という言葉をよく耳にするようになりました。これについては研究者ごと意見が分かれることもありますが、基本的には＿＿＿＿＿＿＿＿＿＿＿＿＿＿＿＿＿と、それによる＿＿＿＿＿＿＿＿＿＿＿＿＿＿＿＿＿＿です。＿＿＿＿＿＿＿＿＿＿＿＿＿＿＿＿＿＿＿＿＿＿＿。当時は急激な都市化により様々な都市問題が起こっていた時代ですが、このような＿＿＿＿＿＿＿＿＿＿＿＿＿を自治体任せにせず、まちの住民が率先(そっせん)して解決していこうという考えから生まれた概念です。今になっては、その意味が拡張し、衰退したまちを＿＿＿＿＿＿＿＿＿＿＿＿＿＿＿、そのまちならではの魅力を発(はっ)していこう、という概念も含めるようになりました。

103

오늘의 듣기

F ： リーダーとしてあるまじき行為にはどういったものがあるでしょうか。人によって様々であると思いますが、個人的には「問題が生じた際、グループを投げ出して逃げること」だと思います。どのグループにもそれを運営していく過程で必ず問題が生じるものですし、リーダーはその際にその問題解決に率先(そっせん)して臨むべきです。だからこそリーダーには多くの権限が認められるのです。いざという時、グループ員の責任を負うための存在だからです。それなのにその権限は享受(きょうじゅ)しておきながら責任は取りたくないというのは、非常に卑怯(ひきょう)な行為だと考えられます。

この評論家が伝えたいことは何ですか。

1 リーダーの権限
2 リーダーが取るべき姿勢
3 リーダーの意味
4 リーダーが守るべき規則

음성을 듣고 질문에 답하세요.

1 この大学教授は、何について話していますか。

① 公平の意味
② 公平に財貨を分け合う方法
③ 平等と公平の違い
④ 平等に財貨を営むこと

2 もう1度聞いて、空欄を埋めてください。

M ： 我々は、＿＿＿＿＿＿＿＿＿＿＿＿＿＿＿＿＿＿こそが公平なことだと考えるきらいがあります。しかし、＿＿＿＿＿＿＿＿＿＿＿＿＿＿＿＿＿＿＿＿＿＿＿＿＿＿＿＿＿＿＿＿＿＿＿ことは「平等」かもしれませんが、「公平」ではありません。人が営むことができる財貨は限られています。それを無理に「平等」に分けてしまうと、財貨の公平な営みはおろか、＿＿＿＿＿＿＿＿＿＿＿＿＿＿＿＿＿＿＿、財貨に触れることすらできない人が生じるだけです。「公平」とは、誰でも＿＿＿＿＿＿＿＿＿＿＿＿＿＿＿＿＿＿＿＿＿＿＿＿＿＿＿＿＿＿＿＿＿＿＿＿＿＿＿ことであるということを、この授業の皆さんには分かってほしいです。

DAY 14　청해체크　개요 이해 파악하기 ③

오늘의 듣기

F：あ!これ、最近人気の小説だよね。どうだった?
M：うん、心理描写は良かったよ。人物の行動の理由が細かく書かれていて、読んでいると人物の行動の理由が納得できて良かったんだ。ストーリーの展開も早くてすらすらと読めたし。ただ、キャラクターがね。あまりにも典型的な性格の人物が多くてあまり没入できなかったな。人物の次の行動が予測できたから、その面ではつまらなかったな。ま、軽く読みたいという人にはお勧めだけど。

男の人は小説についてどう思っていますか。

1　ストーリーも面白く、人物も魅力的だ。
2　ストーリーは単調だが、人物が魅力的だ。
3　ストーリーも単調で、人物の行動も納得できない。
4　ストーリーは面白いが、人物は単調だ。

음성을 듣고 질문에 답하세요.

1 女の人は、歌手のアルバムについてどう思っていますか。

① 曲もいいし、歌唱力もいい
② 曲はいいが、歌唱力が惜しい
③ 曲は好みではないが、歌唱力はいい
④ 曲もよくないし、歌唱力もいまいちだ

2 もう1度聞いて、空欄を埋めてください。

M： あの歌手、最近アルバム出したよね。聞いてみた？

F： 聞いたよ！もともと歌が上手なことで有名な人だから＿＿＿＿＿＿＿＿＿
＿＿＿＿＿＿＿。聞いているだけで鳥肌が立つほど上手だったからすごく
よかった。ただ、＿＿＿＿＿＿＿＿＿＿＿＿＿＿＿＿、ちょっと重す
ぎるって感じがしたの。久しぶりのアルバムだし、もうちょっと＿＿＿＿
＿＿＿＿＿＿＿＿＿＿も入れてくれたらよかったのに、と思ったけど、
＿＿＿＿＿＿＿＿＿＿＿＿＿＿＿からね。ま、もともとバラードで有名
な歌手だし、＿＿＿＿＿＿＿＿＿＿＿＿＿＿＿！

음성을 듣고 질문에 답하세요.

1 **女の人は、主に何について伝えていますか。**

   ① 子供を教育する際の難点

   ② 子供を教育するにあたっての注意点

   ③ 成功的に子供を教育した事例

   ④ 子供を教育する意味

2 **もう1度聞いて、空欄を埋めてください。**

   F：_____です。規則や約束を守らなかった場合、子供は決まって言い訳をします。それをいちいち聞いてあげて、子供の都合を考慮していればきりがありません。何があってもルールは_____、約束は_____を断固(だんこ)な態度で教えましょう。すべてを受容してあげることが、子供のためのものではありません。

음성을 듣고 질문에 답하세요.

3 女の人は、映画についてどう思っていますか。

① 映像も良くなく、内容もつまらなかった。

② 映像は良くないが、内容は面白かった。

③ 映像は良かったが、内容はつまらなかった。

④ 映像も美しく、内容も面白かった。

4 もう1度聞いて、空欄を埋めてください。

M ： 昨日公開した映画、見に行ったんだろう？どうだった？

F ： うん、＿＿＿＿＿＿＿＿＿＿＿＿＿＿。登場人物の衣装は言うまでもなく、海に星空が映るシーンがあったけど、＿＿＿＿＿＿＿＿＿＿＿＿＿＿＿＿＿＿＿。見ごたえがあったの。ただね、＿＿＿＿＿＿＿＿＿＿＿＿がね。原作が結構哲学的な内容なんだけど、それを活かしたのはいいとして、＿＿＿＿＿＿＿＿＿＿＿＿＿がすべて登場人物のナレーションによって進んでたせいで、＿＿＿＿＿＿＿＿＿＿＿＿＿＿＿＿＿＿＿＿＿＿＿＿＿＿＿＿＿＿＿。もっと他の演出技法を使ってたらよかったのに。

DAY 16 청해체크 즉시 응답 공략

즉시 응답

1 지문의 특징

- 지문 종류: 일상 생활에 관련된 짧은 대화문
  - 지문과 선택지 모두 음성으로만 나옴
- 문제 유형: 발화문의 답변으로 적절한 것 찾기
- 지문 및 문제 수: 총 14문제

2 문제 공략법

- 메모하기
- 발화문을 듣고 어떤 내용인지 파악한다.
- 선택지에서 발화문과 가장 어울리는 것을 고른다.

3 문제 예시

F : 今日、システムにエラーが生じて、取引先からの苦情が多くて仕事にならなかったよ。

M : 1　仕事のやりがいがあるってことはいいことだよ。

　　　2　エラーが生じないか確認してみて。

　　　3　それは大変だったね。お疲れ様。

음성을 듣고 알맞은 답을 골라 보세요.

1 下の欄に内容をメモして、正解にマークしてください。

1

① ② ③

2

① ② ③

2 もう1度聞いて、空欄を埋めてください。

1

M ： お客様あってのお店だということを忘れないように、気を付けましょう。

F ： 1 お客様の予約はまだ入っていません。

2 ＿＿＿＿＿＿＿＿＿＿＿＿＿＿＿＿＿＿＿＿＿＿＿＿。

3 お客様が来られました。

2

F ： 今度の試合の相手は、地元では強いチームで有名だって。

M ： 1 ＿＿＿＿＿＿＿＿＿＿＿＿＿＿＿＿＿＿＿＿＿＿。

2 強くなりたいね。

3 強くなるためにはどうすればいいかな？

오늘의 듣기

M ： うちの母はいつも掃除しなさい！と小言を言うけど、掃除をしたらしたでまた小言を言うんだよ。

F ： 1 掃除嫌いなの？

2 小言を言う習慣は直した方がいいよ。

3 きちんと掃除しないからでしょう。

F1： うちの子供ときたら、片づけてるそばから散らかしてしまうの。

F2： 1 今、部屋を片づけているの。

2 うちの子供もそうよ。大変よね。

3 片付かないと落ち着かないもんね。

음성을 듣고 질문에 답하세요.

1 下の欄に内容をメモして、正解にマークしてください。

1️⃣

① ② ③

2️⃣

① ② ③

2 もう1度聞いて、空欄を埋めてください。

1️⃣

F ： あの人、会社を経営するかたわら、大学で講義もしているんだって。

M ： 1 大学を卒業したってこと？

　　　 2 あの人、大学を辞めたの？

　　　 3 ＿＿＿＿＿＿＿＿＿＿＿＿＿＿＿＿＿＿＿＿＿＿。

2️⃣

M ： 宮内さん、泣かんばかりの顔でこっちを見ていたよ。

F ： 1 宮内さん、どうして泣いたの？

　　　 2 ＿＿＿＿＿＿＿＿＿＿＿＿＿＿＿＿＿。

　　　 3 誰が泣いたのか教えて。

113

 **청해체크** 즉시 응답 파악하기 ②

오늘의 듣기

F : 聞いた？校則を守らなかった人は、理由のいかんによらず停学(ていがく)だって。

M : 1 え、厳しいな。気を付けないと。

　　2 校則には理不尽なことが多いからな。

　　3 おかげで校則を守れた。ありがとうね。

F : 水の構造について誰か説明できる人？

M : 1 先生、お水がほしいですが。

　　2 人間の体の70%は水からなります。

　　3 はい、水は水素(すいそ)と酸素(さんそ)からなる物質です。

음성을 듣고 알맞은 답을 골라 보세요.

1 下の欄に内容をメモして、正解にマークしてください。

1

　　　　　　　　　　　　　　　　　　　　　① 　　② 　　③

2

　　　　　　　　　　　　　　　　　　　　　① 　　② 　　③

2 もう1度聞いて、空欄を埋めてください。

1

　M ： 大地震により、500Kgからなる電信柱が倒れたとのことです。

　F ： 1 _____。

　　　 2 電信柱の重さはどれくらいですか。

　　　 3 電信柱を設置しますか。

2

　F ： 論文発表を間近に控えた今の気持ちはどう？
　　　　　　　　　　ひか
　M ： 1 今週から論文を読む勉強会に参加するんだ。

　　　 2 _____。

　　　 3 論文書いたことある？

오늘의 듣기

F : 今日資源ゴミの日だったのに、朝、寝坊しちゃってゴミ出しそびれたよ。

M : 1 この町のゴミの収集日っていつ？

　　2 一週間ためておくしかないか。大変だな。

　　3 ペットボトルのラベルって資源ゴミ？

M : 経営者たる者として、我々が持つべき姿勢は何でしょうか。

F : 1 利益ばかりでなく、職員を大切にすることなのでは。

　　2 会社を経営することは難しいですね。

　　3 息子の夢は、経営者です。

음성을 듣고 알맞은 답을 골라 보세요.

1 下の欄に内容をメモして、正解にマークしてください。

① ② ③

① ② ③

2 もう1度聞いて、空欄を埋めてください。

①

M： 夏休みの宿題が終わらない。学校行きたくないな。

F： 1 _____。

　　 2 宿題終わったら私にも貸してくれない？

　　 3 今日、先生が宿題出したの？

②

M： マイケルさんは、グローバル企業の副社長を経て、今回当社の代表取締役(だいひょうとりしまりやく)として就任(しゅうにん)することになりました。

F： 1 _____。

　　 2 社長になるのを余儀(よぎ)なくされたのですね。

　　 3 マイケルさんは、他の会社に移るのですか？

DAY 20　단원 정리　중간 점검 ④

음성을 듣고 알맞은 답을 골라 보세요.

1　下の欄に内容をメモして、正解にマークしてください。

1

① ② ③

2

① ② ③

3

① ② ③

4

① ② ③

2　もう1度聞いて、空欄を埋めてください。

1

M　：　ああ、もう売り切れるなんて。買うかどうか迷うんじゃなかった。

F　：　1　売り切れたらいけないから早く行ってみて。

　　　　2　売り切れてしまったものは買えないの？

　　　　3　_____。

2

F　：　大学時代、マーケティング会社でインターンシップをしたことを機に、マーケティングに興味を持つようになりました。

M　：　1　インターンシップの経験はありますか。

　　　　2　インターンシップを控えて、いろいろ準備してみたよ。

　　　　3　_____。

3

M　：　あの映画、本当に悲しかったね。

F　：　1　_____。

　　　　2　悲しい映画ならあまり見たくないよ。

　　　　3　彼は笑わんばかりにその映画を見ていた。

4

F　：　時代の変化に即した、新たな法律を作るべきです。

M　：　1　法律を作ることは難しいですね。

　　　　2　_____。

　　　　3　法律によると、それは禁じられています。

  **청해체크** 통합 이해 공략

통합 이해

1 지문의 특징
   - 지문 종류: 여러 정보가 포함된 대화문
     - 어떤 강좌를 듣고 선택하는 내용의 대화문이 있음
     - 1, 2번은 지문과 선택지 전부 음성으로만 출제
     - 3번은 선택지 공개
   - ★ 3번은 선택지가 2개
   - 문제 유형: 대화를 듣고 그에 맞는 정보 선택하기
   - 지문 및 문제 수: 총 4문제

2 문제 공략법
   - 메모하기
   - 첫 문제(상황설명)을 듣고 상황과 주인공을 파악하기
   - 내용의 흐름과 결론을 파악하기
   - 두 번째 문제(문제의 의도와 선택지)를 듣고 내용과 일치하는 것 고르기
     - 3번 문제의 경우, 선택지를 미리 읽어 두기

3 예상 질문

   - 〜をすることにしましたか。
   - 女の人は〜、男の人は〜、〜しますか。
   - ○○は、どれを選びますか。

음성을 듣고 질문에 답하세요.

1 女の人はどこに行くことにしましたか。
① 金色（こんじき）　② 白鷺（しらさぎ）　③ つるり　④ 美浜（みはま）

2 もう1度聞いて、空欄を埋めてください。

F ： 西田さん、この前_____。今度、接待があるけど、_____。_____、知らない？できるだけ高級な感じで、_____んだけど。あと、できれば前_____でね。

M ： そうですね。_____という店がいいと思います。前、家族と一緒に行ったことがありますが、全体的に落ち着いた感じで、全室個室なので周りを気にせずに話せました。料理も美味しかったですし、値段もコース一人あたり六千円ほどでそこそこでした。ただ、_____です。ここから歩くなら30分ほどですね。

F ： 西田さんが行ってみたところなら、ちょっと安心だね。

M ： それから、前の会社の社長が利用していた_____という店もあります。ここは_____もできますし、お酒の種類も多様で_____と言われました。_____、歩いて10分くらい。ただ、_____、コース一人当たり八千円だそうです。

F ： そう…。

M ： あ、そうだ。会社から駅に行く途中に、接待で使えそうな店が新しくできていました。_____という店です。_____ですが、いつも人でいっぱいで列もあったので結構おいしいのでは？と思いましたが、個室もあるみたいですよ。「個室完備！」って書いている看板を見たことあります。

F ： そうかもね。

M ： あと、_____、駅の近くの_____もいいらしいですね。写真の雰囲気も高級でしたし、美味しそうでした。料理の値段もまあまあいけるくらいでした。ただ、_____って書いてありましたね。でも基本予約制で静かだからよかったと。

F ： いろいろありがとう。やっぱり_____。相手は食べるの大好きだから_____。接待だし、_____。ありがとう。

DAY 22　청해체크　통합 이해 파악하기 ①

오늘의 듣기

M1：今回リニューアル発売をした化粧水の売り上げが横ばいなんだ。何とかしなくちゃ。何かいい案はないか。

M2：そうですね…。コマーシャルをもっと大々的(だいだい)にするのはどうですか。最近高級な感じで人気を集めている女優の四ノ宮友子(しのみやともこ)みたいな人に出てもらうと、製品のイメージも伝えられるし、売り上げも良くなるのでは、と。

F ：四ノ宮(しのみや)さんみたいな人気の女優に出てもらうのは、リスクが高いです。もっとも、あの人、出演料が結構高いって噂ですし。また、1年以上の契約以外は結ばないみたいですから、うちの会社の規模じゃ、難しいと思いますよ。

M1：確かにね。いいアイデアだけど、現実的に厳しいと思うんだ。

F ：SNSのインフルエンサーに宣伝を頼むのはどうですか。女優よりは契約金も安いでしょうし、また最近の若者ってテレビよりはSNSで情報を集めていますから、若者にもアピールできるんじゃないかと。

M2：それじゃ、製品のイメージと合わないのではないですか。ちょっと軽いイメージになるのでは…。それより、実の使用者の口(く)コミを集めてみてはどうですか。何よりも口コミが良ければ、それに越したことはないと思います。あまり費用も掛からないでしょうし、ホームページに掲示すればいいことですので楽なのでは。

M1：うーん。それもいいアイデアだけどね。でも、今は人々の目を引いて、実際の販売に結び付ける時期なんだからな。今のトレンドに合って、また費用もテレビコマーシャルよりは抑えられる方に行こうか。口コミはその後からやってもらおう。

1. 売り上げを伸ばすために、何をすることにしましたか。

1　人気の女優が出るコマーシャルを放送する。
2　SNS上の有名人を宣伝に使う。
3　口コミをホームページに掲示する。
4　製品のデザインをリニューアルする。

음성을 듣고 질문에 답하세요.

1 男の人が選択した留学の種類は何ですか。

① 12ヶ月、校内奨学金　　　　② 12ヶ月、外部奨学金
③ 6ヶ月、外部奨学金　　　　　④ 6ヶ月、校内奨学金

2 もう1度聞いて、空欄を埋めてください。

M ： すみません、スイスへ交換留学したいですが。＿＿＿＿＿＿＿＿＿や＿＿＿＿＿＿、また＿＿＿＿＿＿＿＿や＿＿＿＿＿＿＿＿についで聞きたいです。

F ： 承知しました。まず、スイス交換留学をお考えでしたら、英語の単位が＿＿＿＿＿＿、ドイツ語の単位が＿＿＿＿＿＿必要です。向こうでは英語も通じますが、ドイツ語が最も一般的ですからね。下井さんは…、ドイツ語の単位が＿＿＿＿＿＿＿＿＿＿＿＿＿＿＿＿。今年内に必要単位を全部取ってください。

M ： 今学期中に全部取っときます。えっと、向こうは9月から学期が始まりますね。＿＿＿＿＿＿＿＿＿＿＿＿＿＿＿＿＿＿＿＿＿。

F ： ＿＿＿＿＿＿の授業は、1学期に1回だけですので、＿＿＿＿＿＿を取るためには2学期までこちらにいる必要があります。また、向こうの大学に出す願書や面接の準備もあるので、来年の秋学期に入学するのを目標にした方がいいです。

M ： 分かりました。＿＿＿＿＿＿＿＿＿＿＿＿＿＿＿＿＿＿＿＿。あと、＿＿＿＿＿＿＿＿＿＿＿＿＿＿＿＿＿＿＿＿。

F ： 交換留学は基本、＿＿＿＿＿＿もしくは＿＿＿＿＿＿の中でお選びいただけます。学期が終わりましたら本校に戻ることを原則としています。奨学金は基本＿＿＿＿＿＿になりますが、ドイツ語と英語の成績が両方「A」以上だった学生に6ヶ月間20万円、12ヶ月間40万円を支給します。

M ： 外部奨学金には申し込めないですか？

F ： 申し込むことは自由ですが、その場合、＿＿＿＿＿＿＿＿＿＿＿＿＿＿＿＿。また、外部奨学金の場合申し込みの他にも＿＿＿＿＿＿＿がありますので、ややこしいですね。

M ： ＿＿＿＿＿＿＿…。できないことはないですが、他の書類の準備を考えると…。

F ： どうします？

M ： やっぱり、＿＿＿＿＿＿＿＿を狙ってみます。
できるだけ＿＿＿＿＿＿＿＿＿＿＿＿。

DAY 23 　청해체크　통합 이해 파악하기 ②

오늘의 듣기

M1：本日は、都内で開かれるユニークな催しをご紹介したいと思います。最初にご紹介するものは豊洲(とよす)市場の近くで開かれる「たのしすしいちば」です。すぐ隣に日本最大の魚市場(うおいちば)があるということで、新鮮な海鮮料理を楽しむことができます。特に、絶品の海鮮で専門の職人が握ってくれるお寿司はここの名物！見逃すわけにはいきません。次にご紹介する「プチ・フランス」は、日本在住のフランス人の集いから始まった伝統のある催しで、日本で唯一正統フレンチ料理が召し上がれます。フレンチコース料理からフランスの家庭料理はもちろん、屋台料理までたっぷり楽しめるところですので、フランス料理が好きな方は是非足をお運びください。3つ目の「サワッディータイ」は、タイをはじめ、様々な東南アジアの料理が楽しめるところです。また、ただ料理を楽しむことにとどまらず、東南アジア諸国の伝統公演も楽しめるのが一番の見所です。最後は「ポケポケハワイ」で、ハワイ伝統料理とともに、ハワイの伝統工芸品も展示されている、小さなハワイが感じられる催しです。

F ：どっちも楽しそうだね。有村(ありむら)くん、一緒にどこか行ってみない？

M2：うん、ただ食べるだけじゃなく、いろんな国の公演まで見られるのがいいな。

F ：それもいいけど、それよりめったに食べる機会がないヨーロッパの屋台料理に興味があるね。コース料理は何回か食べたことあるけど、屋台料理って新鮮じゃない？

M2：確かに楽しそうだけど、俺、ヨーロッパに交換留学行ってたから、あまり気が向かないな…。

F ：そう？じゃ、そこは私一人で行くわ。それ以外だったら…、こっちってただ食べるだけじゃなくて、いろんな美術品なども見られるんだよね。そこの芸術とか工芸とか、私超好きなの。しかも料理も美味しいし。

M2：俺も、まだそこに行ったことないから、料理のこと気になるんだよね。またいろいろ見て回るところ多いらしいから、それもいいかも。あ、でも君って海鮮も好きじゃない？

F ：いや、海鮮はいつでも食べられるからね。やっぱり普段食べられないものがいいかも。

M2：じゃ、決まりね。楽しみだな。

1. 二人は、どの催しに行きますか。

1　たのしすしいちば
2　プチ・フランス
3　サワッディータイ
4　ポケポケハワイ

2. 女の人は、一人でどの催しに行きますか。

1　たのしすしいちば
2　プチ・フランス
3　サワッディータイ
4　ポケポケハワイ

 확인 문제

음성을 듣고 질문에 답하세요.

1 キャプテンは、どの試合が最も記憶に残ると言っていますか。

① 4強

② 8強

③ 最初の試合

④ 16強

2 二人は、どの試合が最も記憶に残ると言っていますか。

① 4強

② 8強

③ 最初の試合

④ 16強

3 もう1度聞いて、空欄を埋めてください。

M1： 今回、このように世界大会でいい結果を出せたこと、大変嬉しく思っております。今回の大会での勝因（しょういん）と言えば、＿＿＿＿＿＿＿＿＿＿＿＿＿＿＿＿＿＿＿＿ことですね。おかげで相手の攻撃が全く通用しなくて相手の士気が下がり、反対に私たちが猛攻撃することができました。＿＿＿＿＿＿＿＿＿＿＿＿＿＿＿＿＿＿が分かった大会でした。特に記憶に残る試合と言えば、そうですね、私としては＿＿＿＿＿＿＿＿ですね。世界でも有名なスタープレイヤーからなる最強チームだったので結局負けてしまいましたが、それを機に私たちの弱点が分かり、「次は絶対勝たずにはおかない」という覚悟を決めるようになりましたので、それが最も記憶に残っていますね。

M2： ああ、楽しかった。4強まで行けるとはね。16強に行けるだけで嬉しいと思ったのに、本当に感動的だったよ、今回の大会は。

F ： 本当に。私、最後の試合には泣いてしまったよ。とてもよかった。

M2： それは泣くよ。特にキャプテンが大ケガしてまでゴールを決めたもん。僕も泣いたよ。

F ： うん。だから私はキャプテンも＿＿＿＿＿＿＿＿が記憶に残っているんじゃないかな、と思ったけどね。

M2： そうだね。僕は＿＿＿＿＿＿＿が一番記憶に残ったけどね。

F ： やっぱり、観戦する人と直接試合に出る選手では、ちょっと感想が違うよね。

DAY 24　청해체크　통합 이해 파악하기 ③

오늘의 듣기

F1：新入生の皆様、入学おめでとうございます。では、これからオリエンテーションを行います。新入生の皆様は、4月2日の入学式までに、必ず学費を納入し、学費納入証明書を提出してください。また、納入証明書を提出する際に、残高証明書も一緒に提出する必要があります。やむを得ない事情により2日までにそれらの書類が提出できない方は、3月20日までに大学の事務室に延納の申請書を提出する必要があります。どの書類も提出されない場合は、いかなる事情のいかんによらず学籍登録が取り消されますので、期日を必ず遵守してください。

M：学費納入の期日、きついんだよな〜

F2：本当に。まだ3月5日だというのに、延納か完納か早く決めないといけないね。

M：僕、1学期分はすぐに払えるけど、それ以上は親と相談してみないと分からないんだ。でも、今、係員の人、そういうことについては話してないんだよね。

F2：分けて納入してもいいか、についてだよね？うん、それは言っていないかも。

M：そうしても差し支えないか聞いてみないといけないね。君は？大丈夫？なんか聞くことない？

F2：あ、そうだった。私は奨学金を受けているからね。その支給と納入の時期ってどうなるか聞いてみないといけなかったわ。別途の書類があるかもしれないし。一緒に聞きに行こう。

M：そうしよう。

---

1. 男の人は、係員に何を聞きますか。

1　分納ができるかどうか
2　延納の仕方
3　奨学金の受け方
4　学費納入の際に必要な書類

2. 女の人は、係員に何を聞きますか。

1　分納ができるかどうか
2　奨学金と学費納入の時期との関係と必要書類
3　奨学金の受け方
4　学費納入の際に必要な書類

음성을 듣고 질문에 답하세요.

1 二人は、どうすることにしましたか。

① 会議に参加せず、市議会に苦情を入れる

② 会議に参加せず、市役所に苦情を入れる

③ 会議に参加して、市民の要望を集める

④ 会議に参加して、現状を知る

2 もう1度聞いて、空欄を埋めてください。

F ： 今回の住民会議の案件は、立島(たてじま)小学校の前の道路に＿＿＿＿＿＿＿＿

＿＿＿＿＿＿＿＿＿＿ということです。会議を始める前に、現状を説明させて

いただきますと、現在学校の前には横断歩道が一つありますが、＿＿＿＿＿＿

＿＿＿＿＿＿＿＿＿＿＿＿＿＿＿＿＿＿。また、信号もないため、学校が

建てられてから、＿＿＿＿＿＿＿＿＿＿＿＿＿＿が上がりつつあります。その

ため、毎年＿＿＿＿＿＿＿＿＿＿＿＿＿＿＿＿＿が絶えず続いていますが、

なかなか市から許可がもらえていない状態にあります。

M1： 本当に、＿＿＿＿＿＿＿＿＿＿＿＿＿＿＿＿＿ですよ。危ないじゃないで

すか。

M2： まさにその通りです。前、隣の家の娘さんが交通事故で6ヶ月も入院したこと

がありました。うちの子もああなるんじゃないか、って不安極まりないです。

M1： それは恐ろしい…。これは、＿＿＿＿＿＿＿＿＿＿＿＿＿＿＿＿＿と困り

ますね。

M2： ええ。我慢するにもほどがあります。まずは＿＿＿＿＿＿＿＿＿＿＿＿＿＿

＿＿＿＿＿、それを市役所といわず市議会といわず、＿＿＿＿＿＿＿＿＿＿

＿＿＿＿＿＿＿＿＿＿＿。

M1： そうですね。今度こそ必ず通りますように。

  중간 점검 ⑤

음성을 듣고 질문에 답하세요.

1 製品のリニューアルのために、何をすることにしましたか。

① 味付けのバリエーションを増やすことにした
② パッケージデザインを変更することにした
③ 辛さのレベルを細かく調整することにした
④ パッケージデザインの刷り込み効果を狙うことにした

2　もう1度聞いて、空欄を埋めてください。

F1：私たちのメイン商品である、インスタントカレーラインの売り上げが、最近＿＿＿＿＿＿＿となっています。よって、＿＿＿＿＿＿＿＿＿＿＿を行うことになりました。何かいいアイデアがありましたら、気軽にお話しください。

F2：＿＿＿＿＿＿＿＿＿＿＿＿＿＿＿どうですか。今のデザインはもう30年近く使われていたデザインなので、消費者に＿＿＿＿＿＿＿＿＿＿＿＿＿＿＿＿＿＿＿ようです。

F1：そうですか…。

M：いや、＿＿＿＿＿＿＿＿＿＿＿＿＿＿＿＿。イメジの刷り込みって大事なんですよ。どこで見つけても「あ、これね！」となりますから。それが販売に繋がることもあるので、いきなり変わるとかえって売り上げに影響があると思います。

F1：その可能性もなくはないですね。

M：僕に言わせれば、＿＿＿＿＿＿＿＿＿＿＿＿＿＿＿＿＿＿と思いますが。最近は世界の多様な味を楽しむ人も多くなっているので、それに合わせて＿＿＿＿＿＿＿＿＿＿＿＿＿＿＿＿＿＿＿＿＿＿、と。

F2：でも、それは＿＿＿＿＿＿＿＿＿＿＿＿＿＿＿のではないですか。開発費用を考えるとちょっと無理があるのでは…。＿＿＿＿＿＿＿＿＿＿＿＿＿＿＿＿っていうより、＿＿＿＿＿＿＿＿＿＿＿＿＿＿＿＿＿＿＿＿＿＿＿してはどうか、と。

M：それでは、何が改善されたのか分からないままだと思いますよ？

F1：お二人とも、いい意見ありがとうございました。お二人の意見をよく融合させてみてはどうかと思います。＿＿＿＿＿＿＿＿＿＿＿＿＿＿＿＿＿＿＿＿＿＿＿親近感を与えつつも、＿＿＿＿＿＿＿＿＿＿＿＿＿＿＿＿＿＿＿＿もっとお客様に気配りしました、という感じで。＿＿＿＿＿＿＿＿＿＿＿＿＿＿＿＿＿＿＿＿＿＿＿のは、確かに費用がかかりますので、ちょっと段階的にやっていくといいかと思います。

131

음성을 듣고 질문에 답하세요.

3 女の人は、どのイヤホンを買いますか？

① 日本製

② 中国製

③ アメリカ製

④ 韓国製

4 男の人は、どのイヤホンを買いますか？

① 日本製

② 中国製

③ アメリカ製

④ 韓国製

5 もう1度聞いて、空欄を埋めてください。

F1 ： ワイヤレスイヤホンをお探しでしたら、こちらの4種類の製品をお勧めします。まずこちらは_____ですが、デザインも可愛く、コンパクトでいいです。ただ、_____が短所と言えば短所ですね。次は_____です。これは耳輪に掛けるもので、耳に負担が少ないです。ただ、耳からはちょっと遠いですので、_____があります。次の_____は_____上に_____、特にアクション映画など臨場感を味わう映画を鑑賞される際にお勧めです。最後の_____ですが、値段も手ごろで音量もいいです。また、この中では最も_____です。ただ、ちょっと_____耳にさすと_____かもしれません。

M ： 僕は、音楽鑑賞が大好きだからな。_____がいいや。

F ： じゃ、毎日使うってことでしょう？_____を買った方がいいね。

M ： うん、でも_____はちょっと不便じゃないかな。本当に毎日のようにつけているから、あまり_____がいい。

F ： そうなのね。私は、どうしようかな。私は音質にはあまりうるさくないのよね。_____それでよし！かな。それに、_____と、逆に私が使いにくくなるからそんなマルチ機能はなくてもいいわ。

M ： そうなんだ。

DAY 26　실전 문제　과제 이해

1番

1　近くの宅配便の代理店を探す
2　宅配の代理店に本を預ける
3　書店に直接行く
4　注文番号を確認する

男の人とカスタマーセンターの人が話しています。男の人は、電話の後何をしますか。

F：ありがとうございます。一宮（いちのみや）書店カスタマーセンターでございます。

M：あ、すみません。一昨日注文した本が届いたのですが、開けてみたらカバーがしわくちゃになっていて。中の紙も同様で読めない状態なんです。

F：そうでしたか。申し訳ございません。商品が不良、または破損された場合は、交換させていただいております。お手数ですが、商品確認のため、お名前または注文番号をお願いいたします。

M：長澤智也（ながさわともや）、ICM25531です。

F：少々お待ちください。…はい、確認いたしました。ただいま在庫がございますので、すぐに交換の手続きをさせていただきたく存じます。2、3日の間に配達員がご指定の住所へお引き取りに伺いますので、その際に交換される商品を段ボールにお入れいただき、お渡しください。

M：え、配達員を待たなければならないですか。会社があるので、その時間に家にいられるかどうか分かんないです。玄関の前に置くのではだめですか。

F：申し訳ございません。紛失（ふんしつ）の恐れがございますので、直接お渡しいただくことになっております。もし難しいようでしたら、近くの白猫（しろねこ）宅配便の代理店にてお持ち込みいただくことも可能ですが、いかがでしょうか。

M：仕方ないですね。じゃ、会社の近くの代理店を探してみます。あ、私が一宮（いちのみや）書店に直接行くのはだめですか。

F：申し訳ございません。オンラインモールと実店舗では取り扱う商品が違いますので、実店舗での交換はできかねます。

M：そうですか。わかりました。

F：お手数をおかけしまして、申し訳ございません。

男の人は、電話の後何をしますか。

1番

1　10日
2　19日
3　26日
4　17日

2番

1　ハムスターのトイレを作る
2　ハムスターのケージを用意する
3　ベディングを用意する
4　温湿度計を購入する

DAY 27　실전 문제　포인트 이해

1番

1　少年たちの本音が分かるようになったこと
2　頼りになる人に出会ったこと
3　少年たちの未来を考えてみたこと
4　非行少年だったこと

テレビでアナウンサーと教育評論家の人が話しています。この人が非行少年のパトロール活動を始めた契機は何ですか。

F：先生は、長年非行少年のパトロール活動をしていらっしゃるとお聞きしましたが。
M：ええ、そうです。もう15年ほど経ちますね。
F：すごいですね。でも、毎晩繁華街でパトロールすることは、大変なんじゃないですか？
M：ええ、ま、大変じゃないというとうそになりますが、実は、私自身もそういった少年だった過去がありましてですね。だからこそ、そういう子たちの本心が理解できるというか、助けを求めていることに気づいてしまうというか…。だから、やめられないんです。
F：あら、そういった過去があったのですね。
M：はい。それで、中学、高校時代には悪いこともたくさんしましたね。卒業できるかもぎりぎりだったので、いつも先生たちに怒られてばかりでした。その上家庭環境もよくありませんでしたので、頼れるところがなかったんです。
F：そうでしたか…。
M：ですが、ある日、久しぶりに学校に行ってみたら、担任の先生が新しい人に代わっていて。その新しい先生が、夜も朝も私を学校に通わせるために頑張ってくれたのです。ゲームセンターまで来て試験の範囲を教えてくれたり。
F：そうだったのですね。
M：はい。その先生のおかげで、周りよりは遅くなりましたが大学にも行けたし、教員免許も取れたので、それを考えると、ああ、私に必要だったのはああいう「先生」だったんだろうな、と気づきまして。私もそういう人になりたいと思ったんですね。
F：なるほど。
M：はい、ただ単に頼りになる人になってあげたかっただけなんです。

この人が非行少年のパトロール活動を始めた契機は何ですか。

1番

1　投票に関する若者の関心が高まったこと
2　人々が余裕を持って過ごせる時期だったこと
3　ゴールデンウイークだったこと
4　簡単に投票できるように工夫したこと

2番

1　大学で動物実験をしたこと
2　化粧品会社の動物実験を目撃し、ショックを受けたこと
3　ペットを飼っていること
4　動物が好きじゃないこと

DAY 28 　실전 문제　개요 이해

1番

テレビで、気象庁の人が話しています。

F ： 近年、大気汚染により新しく注目されている問題は、粒子状物質の問題です。これは砂漠の砂が風に乗ってくる黄砂とはまた別のもので、工場から発生される、髪の毛よりも小さい粒子が空気中に凝縮したものを言います。これらは大気中に漂って、人間が空気を吸う時一緒に体の中に入ります。一回体内に吸収された粒子は、排出されず肺などに蓄積され、様々な病気の原因となります。我々の健康のためにも、この粒子状物質を防ぐために努力しなければなりません。

この人は、何について話していますか。

1　粒子状物質の危険性
2　粒子状物質が生じる原因
3　粒子状物質が社会に及ぼす影響
4　気象庁が伝える粒子状物質情報

1番

2番

DAY 29　실전 문제　즉시 응답

F ： あの映画、すごく人気だったんだって？

M ： 1　映画見に行こうか。

　　　2　そう。公開されるや否（いな）や、すぐ1位になったよ。

　　　3　あの映画、まだやっているの？

M ： 片桐（かたぎり）さん、今日はなんだか衣装が…黒ずくめだね。

F ： 1　うん、着てみたらそうなった。変？

　　　2　もう、汗まみれだよ。

　　　3　今年は暗いニュースばかりだったね。

1番

2番

DAY 30　実戦問題　통합 이해

1番

会社で、社員たちが給湯室の改善について話しています。

F1：今回、会社の引っ越しにあたりまして、給湯室も新しく整備することになりました。何か置いてほしいおやつや、備品があれば遠慮せずお話しください。

M　：僕は、新しいコーヒーメーカーがあったらいいかと思います。今のコーヒーメーカーは古いので、たまに味が変になります。

F2：あと、コーヒーが飲めない人のために、いろんなお茶があればいいかと。今は緑茶だけなので、選択の幅が狭すぎると思います。

F1：それは検討してみます。たまに会社に来るお客様の中にも、緑茶もダメな人がいたので。

M　：おやつの種類も増やしてもらえますか。カップ麺とかあったら、残業の時、元気になると思います。食費も削減できますし。また、冷蔵庫ももっと大きい物にできないですかね。今のは小さくて、すぐいっぱいになってしまいます。

F1：カップ麺までは検討してみますが、冷蔵庫は予算を超える可能性が高いですので、今すぐは答えられないと思います。

F2：電子レンジの買い替えはできますか。この前、お弁当を温めようとしたら、パチパチと光ったり変な匂いがしたりして、それ以来使えないままです。

F1：そうでしたか。それは知りませんでした。じゃ、それは優先的に考えます。

給湯室で新しく変わることは何ですか。

1　コーヒーメーカーを変えることにした。
2　お茶の種類を増やし、電子レンジを変えることにした。
3　コーヒーメーカーと冷蔵庫を変えることにした。
4　冷蔵庫を変え、カップ麺を置いておくことにした。

1番

2番

質問1

1　危ないけど、母が心配だから帰省したい
2　無理して帰省したくない
3　危ないかもしれないが、行けるところまでは行ってみたい
4　全く帰省などしたくない

質問2

1　危ないけど、母が心配だから帰省したい
2　無理して帰省したくない
3　危ないかもしれないが、行けるところまでは行ってみたい
4　全く帰省などしたくない

정답  독해편

DAY 01
1. ②
2. ②

해석 정부는 저출산 대책으로서, 아동 수당이나 육아 휴가 시의 지원금을 증액하는 안을 발표했다. 내년도부터 순차적으로 증액하여, 최종적으로 3.5조 엔의 증액을 목표로 하고 있다고 한다. 그러나, 그 재원의 확충에 관해서는 정부로부터의 지원금을 예상한다는 것 외에는 밝히지 않고 있고, 구체적인 실현 방법에 대해서는 무엇 하나 다루지 않았다. 이러한 불성실하기 짝이 없는 태도로는 국민의 지지를 받기는커녕, 정부에 대한 강한 불신을 가지게 되는 결과만 낳는다는 것을 정부는 아직도 알아채지 못한 것인가. 확고한 재원의 확충 없이 정책만이 앞질러 나가서는 안 될 것이다.

DAY 02
1. ③
2. ①
3. ④

해석 자존감이 높은 아이로 기르기 위해서는, 아이는 부모와는 또 다른 인격을 갖고 있는 한 명의 인간이라는 것을 인정해야만 한다. 부모는 아이에 대해 부모가 모든 것을 이끌어 가야만 하는 존재라고 착각하는 경우가 많다. 그러나 아이라도, 제대로 자기만의 가치관을 갖고 있고, 그에 근거하여 세상을 판단해 나간다. 어른이 보기엔 미숙한 부분도 있겠지만, 그래도 그것은 존중받아야 하는 것이다. 따라서 부모는 그것이 반사회적인 행동이 아닌 한, 아이의 결론을 존중하고 지켜봐야만 한다. 그것이 아이의 자존감을 높이는 최적의 방법이다.

DAY 03
1. ①
2. ③
3. ②

해석 삼가 아룁니다. 신록이 푸르른 계절에 여러분의 가정에 건강과 행운이 가득하시기를 기원합니다.
　이번에는 따님의 경사스러운 결혼식에 초대해 주셔서 대단히 감사합니다. 진심으로 축하드립니다.
　그런데 두 분의 경사스러운 혼례에 꼭 참석하여 축하를 드리고 싶었습니다만, 부득이한 사정으로 인해 참석이 어렵게 되었습니다. 따님의 아름다운 모습을 뵙는 것을 기대하고 있었습니다만, 찾아 뵙지 못하게 되어 정말 죄송합니다.
　실례라는 것은 아주 잘 알고 있습니다만, 부디 용서해 주시기를 부탁드립니다.
　끝으로, 성공적인 결혼식과 두 분의 행복을 기원합니다.
　그럼, 이만 줄이겠습니다.
　20XX년 5월 10일
　츠다 마코토 드림
　타키자와 츠바사 님

DAY 04

1 ②

해석

2020년 12월 1일
아키야마 대학 도서관

노트북 이용에 대한 알림

   우리 도서관에서는 학생 여러분의 학습에 도움이 되도록 노트북 대출을 행하고 있습니다. 지금까지는 노트북의 예약은 우리 도서관의 창구에서 접수했습니다만, 다음 달부터 인터넷상의 예약 시스템에서도 예약할 수 있게 되었습니다. 예약 시스템은 평일, 휴일을 불문하고 24시간 이용하실 수 있습니다. 또한, 예약 개시일은 기존의 이용일 사흘 전에서 일주일 전까지로 변경되었으므로, 그 점을 확인하신 후 이용해 주세요.
   예약 시스템의 이용에는 회원 등록이 필요합니다. 회원 등록 시에는 학번이 필요하므로, 이를 바르게 입력해 주세요.

아키야마 대학 도서관 관리실 055-255-5354

(접수 시간: 월요일~금요일 9:00~18:00)

2 ③

해석   어느 사회에도, 그 사회에서 살아가기 위한 규칙(룰)이 있고, 우리는 그것을 '사회규범'이라고 부른다. 사회규범 안에는 법률, 도덕, 관습 등이 있고, 이 중에서 강제성을 갖는 것은 법률뿐이다. 법률과 다른 규범과의 차이는, 그 규범을 지키지 않았을 때, 제도적인 처벌을 받는 지 여부이다. 도덕이나 관습을 지키지 않았을 경우는 단순히 그룹 안에서 기피대상이 될 뿐, 법률적인 처벌은 받지 않는다. 그에 반해, 법률은 제도적인 처벌을 받는다는 것이 가장 큰 차이이다.

DAY 05

1 ④

2 ②

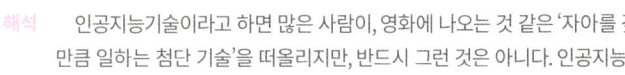

   인공지능기술이라고 하면 많은 사람이, 영화에 나오는 것 같은 '자아를 갖고 있고, 인간만큼 일하는 첨단 기술'을 떠올리지만, 반드시 그런 것은 아니다. 인공지능기술에는 약인공지능과 강인공지능이 있고, 현대 사회에서 주로 사용되는 것은 약인공지능이다.
   약인공지능, 이른바 약 AI는 '인공지능'이라는 이름이 붙어있기는 하지만 실은 '지능'보다는 '도구'에 가까운 AI이다. 더욱 빠르고 정확하게 문제를 해결하기 위해 개발된 AI인 것이다. 지금까지 인간에 의해 개발된 모든 것은 약 AI에 해당된다.
   강 AI는, 인간의 지성 그 자체를 모방하여 만들어진 AI로, 아직 개발에 성공하지는 않았다. 인간과 완전히 닮은, 인간의 마음이나 지능, 거기에 지성까지 갖고 있는 AI를 만드는 것은 어려울 것 같다. 당연히 과학자는 강 AI의 개발을 진심으로 바라고 있지만, 그것이 정말 인간 사회에 큰 이익을 가져오게 될 것인가. 오히려, 이것이 인간을 위협하는 것이 될 가능성도 부정할 수 없다. 더욱 진중하게, 윤리적인 부분도 고려하여 개발에 임해야만 한다.

DAY 06

1. ②
2. ①
3. ①

해석 　생명과학이라는 학문은, 생명공학이나 유전공학을 총칭하는 학문을 의미하며, 생물의 유전정보를 다루고, 그것의 인위적인 조작을 행하는 학문이다. 그렇기 때문에 생명과학을 연구할 때는 윤리적 문제를 완전히 배제할 수 없으며, 생명과학자들은 항상 기술의 발전과 윤리 문제 사이에서 고민하고 있다.
　최근, 그중에서도 문제시되는 것은 '동물실험'이다. 현재 법률에서는 '될 수 있는 한 동물에게 고통을 주지 않고, 실험하는 동물의 수를 줄이고, 또 동물 대신에 실험할 수 있는 방법을 찾는다'라면 동물 실험을 인정하고 있다. 그렇다고는 해도, '고통을 주지 않는다'라는 것은 인간의 주관적인 기준에 따를 수밖에 없고, 수를 줄인다고 해도 희생되는 동물이 없는 것은 아니므로, 비판의 목소리는 진정될 것 같지 않다.

DAY 07

1. ①
2. ③
3. ②

해석 　그러나, 신약 등 새로운 제품이 개발되었을 때, 그것의 부작용을 검증하지 않고 인간이 사용하게 하는 것은 위험하기 짝이 없다. 치명적인 문제가 일어날 가능성이 있다. 그러므로 먼저 인간과 닮은 신체 구조의 동물로 실험을 실시할 수밖에 없다고 주장하는 마음도 이해하지 못하는 것은 아니다. 아무리 동물의 대신이 되는 것으로 실험한다고 해도, 생체 반응이 있는 상대에게 실험하면 또 다른 결과가 나올 가능성이 크기 때문이다. 생명윤리를 지키면서도, 인간에게 도움이 되는 신기술을 개발하기는 매우 어려운 문제이다.

DAY 08

1. ②
2. ②
3. ④

해석 　생명과학이라는 학문은, 생명공학이나 유전공학을 총칭하는 학문을 의미하며, 생물의 유전정보를 다루고, 그것의 인위적인 조작을 행하는 학문이다. 그렇기 때문에 생명과학을 연구할 때는 윤리적 문제를 완전히 배제할 수 없으며, 생명과학자들은 항상 기술의 발전과 윤리 문제 사이에서 고민하고 있다.
　최근, 그중에서도 문제시되는 것은 '동물실험'이다. 현재 법률에서는 '될 수 있는 한 동물에게 고통을 주지 않고, 실험하는 동물의 수를 줄이고, 또 동물 대신에 실험할 수 있는 방법을 찾는다'라면 동물 실험을 인정하고 있다. 그렇다고는 해도, '고통을 주지 않는다'라는 것은 인간의 주관적인 기준에 따를 수밖에 없고, 수를 줄인다고 해도 희생되는 동물이 없는 것은 아니므로, 비판의 목소리는 진정될 것 같지 않다.
　그러나, 신약 등 새로운 제품이 개발되었을 때, 그것의 부작용을 검증하지 않고 인간이 사용하게 하는 것은 위험하기 짝이 없다. 치명적인 문제가 일어날 가능성이 있다. 그러므로 먼저 인간과 닮은 신체 구조의 동물로 실험을 실시할 수밖에 없다고 주장하는 마음도 이해하지 못하는 것은 아니다. 아무리 동물의 대신이 되는 것으로 실험한다고 해도, 생체 반응이 있는 상대에게 실험하면 또 다른 결과가 나올 가능성이 크기 때문이다. 생명윤리를 지키면서도, 인간에게 도움이 되는 신기술을 개발하기는 매우 어려운 문제이다.

DAY 09

1 ②
2 ①

해석 2015년 일본 정부는 선거 연령을 기존의 20세에서 18세로 낮추도록 공직선거법을 개정하여 공포했다. 이에 따라, 선거 시에 18세가 된 일본 국민이라면 누구나 투표할 수 있게 되었다.

일본에서 선거 연령 변경이 행해진 것은, 1950년 공직선거법 제정 이후 처음이다. 저출산 고령화에 따라 인구가 계속해서 감소하는 중에, 더욱 많은 국민, 특히 앞으로의 일본 사회를 담당해 갈 젊은이들이 적극적으로 정치에 관여해 주었으면 한다는 생각으로 선거 연령을 낮추기로 결정한 것이다.

일본은 지금까지 성인 연령을 20세부터라고 정한 것도 있어, '18세'라는 연령을 어리게 생각하는 경향이 있었다. 그러나 18세라는 연령은, 고등학교를 졸업하고 취직하거나, 대학에 진학하는 연령이며, 자기 나름의 견해로 판단을 내릴 수 있는 연령이다. 앞으로 일본을 발전시키기 위해서는, 그러한 젊은이의 생각을 제대로 정치에 반영해야만 한다. 그런 의미에서 이 현상은 매우 기쁘다.

DAY 10

1 ③
2 ①
3 ④

해석 비례대표제는 정당의 득표율에 따라 의석수가 정해지는 선거 제도이다. 이 제도는 선거 과정에서 발생하는 사표를 없애고 국민의 의견을 적극적으로 받아들여 소수 정당에도 발언의 기회를 부여하기 위해 확립되었다. 현재는 영국 등 일부 국가를 제외하고 많은 국가에서 행해지고 있다.

확실히, 취지대로 비례대표제를 행하면, 국민의 의견을 더욱 자세하게 반영할 수 있다. 그러나 이것이 완벽한 제도인가 하면 그렇지도 않아서, 이 제도에도 많은 문제는 있다.

가장 큰 문제는 후보와 유권자 사이의 거리가 멀다는 것이다. 비례대표제에서는 원칙적으로 국민이 직접 후보에 투표하지 않는다. 국민이 고를 수 있는 것은 정당뿐으로, 당선될 후보는 정당이 결정한다. 이것은 꽤 큰 리스크를 품고 있는 것으로, 만약 그 후보의 정치적 입장이 투표자의 의견과 일치하지 않으면 그것은 오히려 국민의 의견이 반영되지 않은 것이 된다. 비례대표제를 비판하는 측은 그 점을 이유로, 비례대표제의 필요성에 의구심을 품고 있다.

DAY 11

1 ①
2 ③
3 ②

해석 그러나 정치를 연구하는 쪽에서 보자면, 비례대표제는 정시에서 없애서는 안 될 것이다. 국민의 의견은 다양하기에, 100% 사표를 없애는 완벽한 방법 따위는 어디에도 없다. 아무리 해도 반영되지 않는 의견도 있다. 앞으로 또 새로운 선거제도가 생긴다고 한들, 사표를 완전히 없앨 수는 없다. 그렇다면, 될 수 있는 한 사표 발생이 적은 것이 가장 현실적인 선거 방법이라고 말할 수 있겠는데, 그런 의미에서는 비례대표제만 한 것도 없다. 따라서, 민의를 전부 반영할 수 없다고 하여 비례대표제를 없앨 수는 없다.

정치의 목적은 최선을 구하는 것이 아니라, 최악을 피하는 것이다. 그것을 잊지 않았으면 한다. 비례대표제에 단점이 있다고 해서 제도 자체를 없애 버리면, 더욱 국민의 의견이 무시될 뿐이라는 것을, 우리는 마음에 새길 필요가 있다.

DAY 12

1 ②

2 ①

3 ②

해석 　비례대표제는 정당의 득표율에 따라 의석수가 정해지는 선거 제도이다. 이 제도는 선거 과정에서 발생하는 사표를 없애고 국민의 의견을 적극적으로 받아들여 소수 정당에도 발언의 기회를 부여하기 위해 확립되었다. 현재는 영국 등 일부 국가를 제외하고 많은 국가에서 행해지고 있다.

　확실히, 취지대로 비례대표제를 행하면, 국민의 의견을 더욱 자세하게 반영할 수 있다. 그러나 이것이 완벽한 제도인가 하면 그렇지도 않아서, 이 제도에도 많은 문제는 있다.

　가장 큰 문제는 후보와 유권자 사이의 거리가 멀다는 것이다. 비례대표제에서는 원칙적으로 국민이 직접 후보에 투표하지 않는다. 국민이 고를 수 있는 것은 정당뿐으로, 당선될 후보는 정당이 결정한다. 이것은 꽤 큰 리스크를 품고 있는 것으로, 만약 그 후보의 정치적 입장이 투표자의 의견과 일치하지 않으면 그것은 오히려 국민의 의견이 반영되지 않은 것이 된다. 비례대표제를 비판하는 측은 그 점을 이유로, 비례대표제의 필요성에 의구심을 품고 있다.

　그러나 정치를 연구하는 쪽에서 보자면, 비례대표제는 정치에서 없애서는 안 될 것이다. 국민의 의견은 다양하기에, 100% 사표를 없애는 완벽한 방법 따위는 어디에도 없다. 아무리 해도 반영되지 않는 의견도 있다. 앞으로 또 새로운 선거제도가 생긴다고 한들, 사표를 완전히 없앨 수는 없다. 그렇다면, 될 수 있는 한 사표 발생이 적은 것이 가장 현실적인 선거 방법이라고 말할 수 있겠는데, 그런 의미에서는 비례대표제만 한 것도 없다. 따라서, 민의를 전부 반영할 수 없다고 하여 비례대표제를 없앨 수는 없다.

　정치의 목적은 최선을 구하는 것이 아니라, 최악을 피하는 것이다. 그것을 잊지 않았으면 한다. 비례대표제에 단점이 있다고 해서 제도 자체를 없애 버리면, 더욱 국민의 의견이 무시될 뿐이라는 것을, 우리는 마음에 새길 필요가 있다.

DAY 13

1 ②

2 ①

해석 **A**

　인터넷에서 실명으로 활동하자는, '인터넷 실명제'를 지지하는 의견이 높아지고 있다. 이른바 '염상(댓글여론몰이)'이라고 불리는 악질적인 댓글이나 중상모략을 막기 위함이 그 근거이다. 그러나, 표현의 자유를 침해할 우려가 있는 이상, 그렇게 간단히 그들의 주장을 받아들일 수는 없다.

B

　깨끗한 인터넷 생활을 영위하기 위해서라도, 인터넷 실명제는 행해져야만 한다. 익명성 뒤에 숨어, 현실에서는 말할 수 없는 것을 가볍게 던져 버리는 것이 빈번해지고 있다. 그것은 단순히 감정을 '배설하는' 것이며, 건전한 의견교환이 되지 않는다. 서로를 존중하는 인터넷 생활을 위해서라도, 실명제는 필요하다.

DAY 14

1. ③
2. ②
3. ④

해석 A

　　일본은 1억 2천만이나 있는 인구 대국이었지만, 최근의 심각한 저출산 고령화 현상에 의해 현저하게 인구가 계속 감소하고 있다. 앞으로 몇십 년도 걸리지 않아 일본은 노동인구의 감소로 인해 산업의 신장이 둔화되어, 그에 따라 경기 악화와 사회 구조의 혼란을 가져올 것이 틀림없다.

　　이러한 상황을 극복하기 위해서는, 젊은 세대의 출산율을 올릴 필요가 있다. 그러나, 버블 붕괴 후 계속된 '잃어버린 30년'의 영향으로 나날이 악화되는 경기와 취업률의 저하는, 청년층에게 결혼과 출산을 포기하게 해 버렸다. 정부는 출생률을 높이기 위해 출산보조금을 지급하는 등의 행정적 조치를 행하고는 있으나, 보육원이나 유치원 등 시설의 확충이 되어 있지 않는 등, 현실성이 결여되어 있다.

　　중요한 것은 돈을 주는가, 주지 않는가가 아니다. 그것만으로는 해결이 되지 않는다. 안심하고 아이를 맡길 수 있는 시설의 확충, 육아 휴직을 자유롭게 쓸 수 있는 사회적 분위기의 개선, 아이와 부모가 함께 보낼 시간을 만들 수 있는 노동환경의 정비. 그것이 선행되지 않으면, 저출산 현상의 해결은 어렵다.

DAY 15

1. ①
2. ②
3. ①

해석 B

　　저출산 현상이 심각해지는 것을 지적하는 의견이 높아지고 있다. 그러나, 나의 의견으로는 그렇게까지 '인구 증가'에 집착할 필요가 있는지 의문이다.

　　저출산에 의한 인구 감소는 일본뿐만 아니라 전 세계에서 일어나고 있는 현상이다. 유럽은 물론, 한국은 이미 일본의 인구 감소율을 훌쩍 넘어섰다. 이민을 받아들여 인구를 유지해 온 미국도 지금은 인구가 감소하는 기미를 보인다. 즉, 저출산 현상은 이제 막을 수 없는 일반적인 흐름이 된 것이다.

　　그렇다면, 무리해서 인구를 늘리려고 할 것이 아니라, 인구가 적어도 유지할 수 있는 사회구조를 구축하는 편이 보다 경제적이고 간단하지 않을까. 기계화가 진행되고 있는 현대 사회에 맞춰, 기계만 멈추지 않으면 사회가 움직이는, 그 기계의 관리를 할 최소한의 사람이 있으면 그걸로 문제없는, 그런 사회로 이행을 도모하기에는 지금이 최적의 시기일지도 모른다.

DAY 16

1　③
2　②
3　④

해석　A

　일본은 1억 2천만이나 있는 인구 대국이었지만, 최근의 심각한 저출산 고령화 현상에 의해 현저하게 인구가 계속 감소하고 있다. 앞으로 몇십 년도 걸리지 않아 일본은 노동인구의 감소로 인해 산업의 신장이 둔화되어, 그에 따라 경기 악화와 사회 구조의 혼란을 가져올 것이 틀림없다.

　이러한 상황을 극복하기 위해서는, 젊은 세대의 출산율을 올릴 필요가 있다. 그러나, 버블 붕괴 후 계속된 '잃어버린 30년'의 영향으로 나날이 악화되는 경기와 취업률의 저하는, 청년층에게 결혼과 출산을 포기하게 해 버렸다. 정부는 출생률을 높이기 위해 출산보조금을 지급하는 등의 행정적 조치를 행하고는 있으나, 보육원이나 유치원 등 시설의 확충이 되어 있지 않는 등, 현실성이 결여되어 있다.

　중요한 것은 돈을 주는가, 주지 않는가가 아니다. 그것만으로는 해결이 되지 않는다. 안심하고 아이를 맡길 수 있는 시설의 확충, 육아 휴직을 자유롭게 쓸 수 있는 사회적 분위기의 개선, 아이와 부모가 함께 보낼 시간을 만들 수 있는 노동환경의 정비. 그것이 선행되지 않으면, 저출산 현상의 해결은 어렵다.

B

　저출산 현상이 심각해지는 것을 지적하는 의견이 높아지고 있다. 그러나, 나의 의견으로는 그렇게까지 '인구 증가'에 집착할 필요가 있는지 의문이다.

　저출산에 의한 인구 감소는 일본뿐만 아니라 전 세계에서 일어나고 있는 현상이다. 유럽은 물론, 한국은 이미 일본의 인구 감소율을 훌쩍 넘어섰다. 이민을 받아들여 인구를 유지해 온 미국도 지금은 인구가 감소하는 기미를 보인다. 즉, 저출산 현상은 이제 막을 수 없는 일반적인 흐름이 된 것이다.

　그렇다면, 무리해서 인구를 늘리려고 할 것이 아니라, 인구가 적어도 유지할 수 있는 사회구조를 구축하는 편이 보다 경제적이고 간단하지 않을까. 기계화가 진행되고 있는 현대사회에 맞춰, 기계만 멈추지 않으면 사회가 움직이는, 그 기계의 관리를 할 최소한의 사람이 있으면 그걸로 문제없는, 그런 사회로 이행을 도모하기에는 지금이 최적의 시기일지도 모른다.

DAY 17

1　①
2　③

　재해 대책 연구를 할 때 가장 중요시해야 하는 것은 지역의 실제 사정과 상황에 입각한 대책을 세우는 것이다. 한 나라라고 하더라도, 각각의 지역은 지형도 다르고 산업 형태도 다르다. 또, 인구도 각기 다르다. 그런데도 각각의 특성을 무시하고 일괄적인 대책을 적용하면, 재해를 막기는커녕 오히려 심각한 사태를 초래하게 된다.

　예를 들어 해안이 가깝고, 쓰나미의 우려가 큰 곳에서는 쓰나미 대책을 먼저 생각해야 한다. 또, 발전소가 있어 원자력 사고의 위험이 있는 지역에서는 그것을 막는 것을 최우선으로 생각해야만 한다. 재해 연구를 할 때는, 그러한 것을 고려하는 것이 가장 중요한 것이다.

DAY 18

1. ②
2. ②
3. ①

해석 일본의 하천은 그 폭이 좁고, 흐름이 매우 빠르다. 게다가 일본은 기후상 비가 자주 내리는 지역으로, 특히 여름철에 대부분의 강수량이 집중되어 있다. 또, 일본은 국토의 70%가 산지로, 비가 내리면 많은 하천은 빠른 속도로 토사가 퇴적된다. 이러한 지형적인 특성상, 일본에는 옛날부터 천정천이 많았다. '천정천'이란, 빈번한 퇴적 작용에 의해 강바닥에 토사가 쌓여, 이윽고 주변 지형보다도 강바닥이 높아진 하천을 말한다. 이러한 천정천의 위험한 점은, 폭우가 내렸을 때 단시간에 대량의 물이 넘치게 되어, 매우 심각한 홍수를 일으킬 수 있다는 것이다.

이러한 자연환경의 영향으로, 일본은 옛날부터 홍수를 지진이나 화재와 동등한 대재해로서 취급하고, 홍수 대책에 힘을 써 왔다. 이러한 일본의 전통적인 수해 대책을 '치수 대책'이라고 하는데, 말 그대로 '물을 다스려서 재해를 방지한다'라는 의미를 가진다.

이러한 '치수 대책'은, 크게 두 가지로 나눌 수 있다. 하나는 '물을 범람하게 하지 않는 것'이고, 두 번째는 '범람했을 시의 피해를 최소한으로 하는 것'이다. 그리고 그 양쪽 대책에 공통으로 들어가는 것이 '제방'으로, 제방을 만드는 것으로 물이 흐르는 면적을 넓힘과 동시에, 마을로 흘러 들어가는 수량을 줄이는 것을 목적으로 하고 있다.

DAY 19

1. ③
2. ③
3. ②

해석 이러한 일본의 치수 대책은 세계에서도 우수한 홍수 대책으로 인정받고 있다. 우리는 여기서 한 가지 중요한 것을 알 수 있다. 그것은 재해 대책에서 지형에 대한 이해가 얼마나 중요한가 하는 것이다. 지형을 이해하지 못하면 재해가 그 토지와 마을, 그리고 사람에게 어떤 영향을 미치는지 파악할 수 없다. 그것을 파악하지 못하면 재해의 파급 효과도 계산할 수 없게 되어, 많은 인명피해를 초래하는 결과가 된다. 그러므로 우리들 연구자는 항상 지형에 맞춘 최적의 방재 대책을 세우기 위해 연구해야만 한다.

지형을 이해하지 않으면 좋은 대책은 세울 수 없다. 우리들 연구자에게는 언제나 이 법칙을 염두에 두고, 사람들이 한 명이라도 많이, 안전하게 살아갈 수 있는 지역을 만들어 갈 의무가 있다는 것을 확실히 기억해 두었으면 한다.

DAY 20

1. ②
2. ①
3. ①

해석　일본의 하천은 그 폭이 좁고, 흐름이 매우 빠르다. 게다가 일본은 기후상 비가 자주 내리는 지역으로, 특히 여름철에 대부분의 강수량이 집중되어 있다. 또, 일본은 국토의 70%가 산지로, 비가 내리면 많은 하천은 빠른 속도로 토사가 퇴적된다. 이러한 지형적인 특성상, 일본에는 옛날부터 천정천이 많았다. '천정천'이란, 빈번한 퇴적 작용에 의해 강바닥에 토사가 쌓여, 이윽고 주변 지형보다도 강바닥이 높아진 하천을 말한다. 이러한 천정천의 위험한 점은, 폭우가 내렸을 때 단시간에 대량의 물이 넘치게 되어, 매우 심각한 홍수를 일으킬 수 있다는 것이다.

　이러한 자연환경의 영향으로, 일본은 옛날부터 홍수를 지진이나 화재와 동등한 대재해로서 취급하고, 홍수 대책에 힘을 써 왔다. 이러한 일본의 전통적인 수해 대책을 '치수 대책'이라고 하는데, 말 그대로 '물을 다스려서 재해를 방지한다'라는 의미를 가진다.

　이러한 '치수 대책'은, 크게 두 가지로 나눌 수 있다. 하나는 '물을 범람하게 하지 않는 것'이고, 두 번째는 '범람했을 시의 피해를 최소한으로 하는 것'이다. 그리고 그 양쪽 대책에 공통으로 들어가는 것이 '제방'으로, 제방을 만드는 것으로 물이 흐르는 면적을 넓힘과 동시에, 마을로 흘러 들어가는 수량을 줄이는 것을 목적으로 하고 있다.

　이러한 일본의 치수 대책은 세계에서도 우수한 홍수 대책으로 인정받고 있다. 우리는 여기서 한 가지 중요한 것을 알 수 있다. 그것은 재해 대책에서 지형에 대한 이해가 얼마나 중요한가 하는 것이다. 지형을 이해하지 못하면 재해가 그 토지와 마을, 그리고 사람에게 어떤 영향을 미치는지 파악할 수 없다. 그것을 파악하지 못하면 재해의 파급 효과도 계산할 수 없게 되어, 많은 인명피해를 초래하는 결과가 된다. 그러므로 우리들 연구자는 항상 지형에 맞춘 최적의 방재 대책을 세우기 위해 연구해야만 한다.

　지형을 이해하지 않으면 좋은 대책은 세울 수 없다. 우리들 연구자에게는 언제나 이 법칙을 염두에 두고, 사람들이 한 명이라도 많이, 안전하게 살아갈 수 있는 지역을 만들어 갈 의무가 있다는 것을 확실히 기억해 두었으면 한다.

DAY 21

1. ①
2. ④

해석

교내 아르바이트 일람

건명	담당과	시급	업무 내용
교내 안내	총무과	1,200엔	신입생 대상 교내 안내 • 신입생 서포트 2학년 이상부터 신청 가능
유학생 서포트	국제협력과	1,300엔	유학생 대상 교내 안내 • 학생 생활 서포트 • 영어 능력 필수 2학년 이상부터 신청 가능
생협 근무	대학 생협과	850엔	교내 카페테리아 근무(접객) 가전 판매과 근무(접객, 진열) 1학년 신청 가능
학부사무실 업무	문학부 사무실	1,000엔	서류 정리, 잡무 1학년 신청 가능

1 ①
2 ③

해석

리츠세이 대학

외국인 유학생 모집 안내

다음과 같이, 외국인 유학생을 모집합니다.

학부	학과/전공		모집인원
법학부	법학과	법무전공 기업법전공	10명
문학부	인문학과	일본사전공 서양사전공 아시아사전공 영미문학전공 아시아문학전공 지리학전공	10명
국제학부	국제학과	국제협력전공 국제개발전공 국제경제전공	12명
경영학부	경영학과	경영전공 상학전공 회계전공	20명

【일본유학시험 수험 필수 과목】

학부	수험과목
법학부, 문학부	①「일본어(기술과목을 포함함)」 ②「종합과목」 ③「수학 코스 1」
국제학부	①「일본어(기술과목을 포함함)」 ②「종합과목」 ③ 공인영어시험성적
경영학부	①「일본어(기술과목을 포함함)」 ②「수학 코스 1」또는「코스 2」 ③ 공인영어시험성적

1 ③
2 ①

해석

야마다 렌터카 요금 플랜 안내

【경차】   (세금 포함)

이용 시간	일반요금	레귤러 회원 요금	프리미엄 회원 요금
12시간	3,500엔	2,800엔	2,000엔
24시간	5,000엔	4,500엔	3,700엔
이후 하루당	5,000엔	4,500엔	3,700엔
계약 시간 연장 (1시간까지)	2,000엔	1,500엔	800엔

【세단/가족차】

이용 시간	일반요금	레귤러 회원 요금	프리미엄 회원 요금
12시간	6,000엔	5,500엔	4,500엔
24시간	8,000엔	7,500엔	6,500엔
이후 하루당	8,000엔	7,500엔	6,500엔
계약 시간 연장 (1시간까지)	3,000엔	2,000엔	1,000엔

【SUV】

이용 시간	일반요금	레귤러 회원 요금	프리미엄 회원 요금
12시간	8,000엔	7,500엔	6,500엔
24시간	10,000엔	9,500엔	8,500엔
이후 하루당	10,000엔	9,500엔	8,500엔
계약 시간 연장 (1시간까지)	4,000엔	3,000엔	2,000엔

※ 반납 시간보다 하루 늦어질 경우, 3,000엔의 추가요금이 있습니다.

DAY 24

1 ④

2 ③

해석

미하마 은행

ATM·CD 이용 수수료

시간대	시간 외 (6:00~8:50)	영업시간 (9:00~18:00)	시간 외 (18:00~24:00)
평일	100엔	무료	100엔
토/일/공휴일	100엔		

● 당행 캐시 카드를 이용하시는 고객님

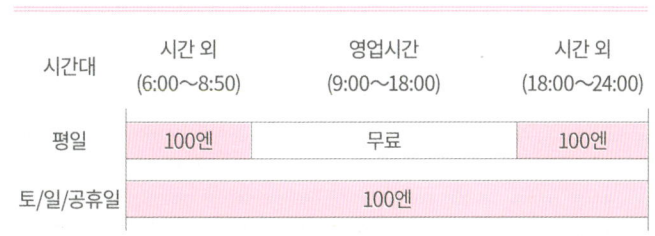 의 시간대의 출금 입금에는 1회 100엔의 수수료가 필요합니다.
또, 제휴 금융기관의 ATM·CD를 이용하실 경우에는 각 금융기관 소정의 수수료가 필요합니다.

● 타행 캐시 카드를 이용하시는 고객님

1회 이용당 100엔의 수수료가 필요합니다. 또, 의 시간대에 이용하실 경우에는 1회당 200엔의 수수료가 필요합니다.

- 당행 신용카드를 갖고 계신 고객님은 시간 외 수수료가 무료입니다.
- 당행의 은행 서비스를 제공하는 편의점 ATM을 이용하실 경우에는 영업시간에 상관없이 110엔의 추가 수수료가 있습니다.

DAY 25

1 2

해석   일본이 자랑하는 대문호 나츠메 소세키는, 영어 능력도 뛰어나 영어 교사나 영미의 문학작품을 번역하는 일도 했습니다. 그가 영어 "I love you"를 "오늘은 달이 아름답네요"라고 번역했다는 것은 매우 유명한 이야기입니다.
  이것은 일본인다움을 매우 로맨틱하게 설명한 것이라고 생각합니다. 일본인은, 서양 사람처럼 감정을 직접적으로 전달하는 일은 없습니다만, 그 이상의 의미를 갖는 아름다운 표현을 사용하여, 간접적으로 마음을 전달하면서도 풍류를 잊지 않습니다.

DAY 26

1. 2
2. 1
3. 1

해석   아이의 자존감을 높이기 위해서는 어떻게 해야 할까. 최근 육아 트렌드가 '자존감'이 되고 나서, 많은 부모가 이를 고민하고 있다. 그 중에는 자존감을 높여주고 싶다는 마음과, 아이를 상처 입히고 싶지 않다는 마음이 맞물려 무조건 아이가 하는 행동을 전부 받아주는, 소위 '수용적인 육아'를 하는 사람도 많은데, 그래서는 아이의 문제 해결 능력이나 스트레스 내성이 떨어질 뿐으로, 아이를 위한 것이 아니다. 여기서 내가 제안하는 것은, 오히려 아이를 제대로 '훈육'하는 것이다.

아이는 미숙하기에, 어른만큼 선악의 구별이 어렵고, 또 인간관계도 서툰 경우가 많다. 또 자기중심적인 요소가 어른보다도 강하기에 상대의 입장에서 생각하는 것도 서툴다. 그러나, 성장함에 따라 부모나 주위 어른에게 인간관계를 원활하게 하는 방법이나 선악의 구별을 배워 사회 규범을 익혀 나간다.

따라서, 사회 규범에서 통용되는 범위를 가르치는 것은 아이를 양육할 때 가장 중요한 것이라고 해도 과언이 아니다. 그런데도 '자존감을 높여주고 싶다'라는 이유로 이러한 훈육을 제대로 하지 않으면, 그 아이는 자존감이 높아지기는커녕 오히려 자존감이 현저하게 저하될지도 모른다. 왜냐하면, 사회의 룰을 아무것도 모른 채로 자기 마음대로 행동하기에, 주위 사람이 기피하기 때문이다.

이러한 것을 생각해도, 아이가 제대로 선악을 익힐 때까지 훈육하는 것은 매우 중요하다.

DAY 27

1. 2
2. 1
3. 3
4. 4

해석   인권은 5가지의 기본적 인권으로 구성되어 있다. 자유권, 평등권, 사회권, 참정권, 청구권이 그것인데, 많은 사람이 '자유권'과 '사회권'의 차이를 모르는 것 같다.

'자유권'이란 간단히 말하자면 '국가로부터의 자유'를 말한다. 즉, 국가로부터 속박되지 않는 권리로, 이 권리만큼은 무슨 짓을 해도 국가가 통제하거나 금지할 수 없다. 예를 들어 국가는 특정 종교를 믿지 않는다고 해서 국민의 목숨을 빼앗아서는 안 된다. 또, 아무리 죄를 범했다고 해도, 법적인 절차 없이 국민을 가두는 것도 할 수 없다. 그러한 것이 자유권이다.

한편 '사회권'이란 '국가에 의한 자유'이다. 이것은, 국민으로서 인간답게 살아가기 위해 국가가 국민의 최저한의 생활을 보장하는 것이다. 예를 들어 의무 교육을 받는 것도, 국민으로서 사회에서 살아가기 위한 기초적인 교육을 받는 것이므로, 사회권에 해당한다.

즉, 자유권은 국가라 하더라도 빼앗을 수 없는, 인간이 태어나면서부터 갖고 있는 권리를, 사회권은 국민으로서 당연히 보장받아야 하는 자유를 말한다. 이 두 가지를 잘 구분하는 것은, 자신이 인간으로서 살아가기 위한 기본 조건이다.

이 외에도 헌법으로 정해져 있지 않을 뿐, 인권의 범위는 매우 넓다. 최근은 이러한, 헌법에 정해져 있지 않는 '새로운 인권'이라는 개념도 등장했다. 대표적으로는 '프라이버시권'를 들 수 있는데, 이것은 시대의 변화에 따라 개인의 프라이버시가 중요해졌기 때문에 나타난 새로운 권리이다. 이러한 인권은 헌법상에 명시되어 있지는 않지만, 그래도 엄중히 지켜져야 하는 것으로 인정받아, 현재는 많은 나라가 이 권리의 보호 활동에 힘을 쏟고 있다.

인권은, 인간이라면 누구라도 반드시 보호받아야만 하는 개념이다. 그렇기에 그 의미를 잘 알아 두는 쪽이, 인권이 침해되었을 때 제대로 대응할 수 있기에 그 의미를 항상 마음에 담아 두었으면 한다.

DAY 28

1. 3
2. 1
3. 1

해석 A
　치매란 노화 등의 이유로 뇌세포가 기능하지 않게 되어, 뇌의 작용이 저하해 가는 병을 말합니다. 치매 환자는 기억력은 물론, 판단 능력도 떨어져 가므로, 전문 요양사가 아닌 사람이 돌보는 것은 상당히 힘들다. 그래서, 가족이 치매에 걸렸다면 전문 요양시설에 입원시키는 편이 낫다. 아시아 국가는 치매에 걸린 가족, 특히 부모를 시설에 입원시키는 것을 싫어하는 경향이 있는데, 이것은 환자 본인에게도, 가족에게도 좋지 않다. 전문가에게 맡기는 편이 환자의 증상 완화에 도움이 된다고 믿자.

B
　치매는 고령자가 걸리는 병이라는 인식이 있지만, 반드시 그런 것은 아니다. 때에 따라서는 젊을 때부터 발병하는 경우도 있다고 한다. 특히 최근에는 스마트폰의 영향으로 단순한 자극에 익숙해진 탓으로 뇌를 별로 사용하지 않게 되어, 치매와 같은 증상을 보이는 '디지털 치매'도 발생하고 있다고 한다. 치매를 예방하기 위해서는 단순한 쾌락만을 찾는 것이 아니라, 시간을 들여 여러 가지 일들에 대해 곰곰이 생각하는 연습을 해 둘 필요가 있다.

DAY 29

1. 1
2. 3
3. 1
4. 1

해석　플라스틱 쓰레기 문제가 심각해지고 있다. 해안은 플라스틱 쓰레기로 넘쳐나고, 어패류에는 유해 물질이 축적되어 사람이 섭취할 때도 주의를 기울여야만 한다. 이대로는 아이들에게 남겨줄 만한 것은 하나도 남지 않게 된다. 이러한 환경을 개선하고, 플라스틱 쓰레기 문제를 해결하는 것은, 이제까지 대량으로 플라스틱을 소비해 온 우리들의 책임이다.
　OECD(경제협력개발기구)에 의하면, 플라스틱 쓰레기의 배출량은 2019년에 3억 5300만 톤으로, 이것은 20년 전의 2배에 이르는 수치이다. 그중에서도 일본의 배출량은 미국 다음으로 많다. 그렇기 때문에 일본은 책임을 갖고 플라스틱 쓰레기의 삭감에 임해야만 하는데, 왠지 매우 소극적인 태도를 취하고 있는 것처럼 보인다.
　플라스틱 쓰레기를 없애려면, 우선은 생산되는 플라스틱의 수를 삭감해야만 한다. 그 문제를 둘러싸고, 특히 환경문제에 민감한 유럽은 세계 공통의 삭감 목표와 기준을 세워, 플라스틱의 생산량의 전체적인 삭감과 규제를 주장하고 있다. 그렇지 않으면, 나라마다 플라스틱을 배출하는 양이 일정하지 않기에, 현실적으로 플라스틱 쓰레기를 삭감하기에는 어렵다는 것이다. 그러나, 그에 대해 일본이나 중국, 미국 등은 생산, 소비의 단계에 요구되는 대처를 각국의 사정에 맞춰 실시해야만 한다고 주장하고 있다. 필자에게는, 일본 측의 이러한 주장이 매우 안이한 생각이라고 생각하지 않을 수 없다.
　플라스틱은 그 편리성으로 인해 인간 사회에 빠뜨릴 수 없는 물건이 되었기에, 플라스틱을 생산 및 소비하고 싶어 하지 않는 나라 존재하지 않는다. 따라서, 공통의 기준을 적용하지 않는 한, 플라스틱의 생산, 배출량이 줄어들 리가 없다. 국제 사회에서 비판받아도, '나라 사정에 의해 어쩔 수 없었다'고 변명하면 그걸로 끝이다. 그래서는 플라스틱 쓰레기의 삭감은 영원히 불가능하다고 말해도 과언이 아니다. 세계 공통이 기준을 세우고, 그것을 위반했을 경우에는, 사정 여하에 관계없이 처벌하는 것 외에 방법은 없다.
　우리는 좀 더 환경 문제를 심각하게 인식할 필요가 있다. 이제, '나라마다의 사정을 생각한다' 운운을 말할 때가 아니다. 세계가 책임을 갖고, 해결을 향해 힘을 합쳐야 할 시기가 아닐까.

 **1** 3

 2 1

해석

부내 일본어 학교 일람

학교명	수업료	모집학기	상세
ACE 일본어학교	100만엔	4월·10월	통신강좌 있음 일본어능력시험· 일본유학시험 검정료 지급
JLS 어학교	75만엔	4월	대학입시 전문 일본유학시험 검정료 지급 대학 합격 장학금 지급
KLS 스쿨	70만엔	4월	대학입시 전문 대학 합격 장학금 지급 통신강좌 있음
카와이 학원	101만엔	4월	장기 교육만 진행 일본어능력시험·일본유학시험 검정료 지급 일본어능력시험·일본유학시험 성적우수자 학비감면제도 있음
요시다 아카데미	65만엔	10월	단기교육만 진행 일본어능력시험 성적우수자 학비감면제도 있음
일본어 센터	105만엔	4월·10월	대학입시 코스 있음 비즈니스 강좌 있음 학비감면 제도 있음
미라이 랭기지 아카데미	85만엔	4월·10월	일본유학시험 검정료 지급 통신강좌 있음
오사카 외국어 학원	67만엔	10월	대학입시 코스 있음
메리트 국제학교	75만엔	10월	단기교육만 진행 일본어능력시험 성적우수자 학비감면 제도 있음

※학기 구분 … 4월학기: 장기(1년)　10월학기: 단기(6개월)

MEMO

정답 🗝 청해편

DAY 01

1 ④

2 F：先輩、明後日のゼミ発表のレジュメ、見てもらえないですか。
M：どれどれ、ふーん…。いいんじゃない？分かりやすいよ。
F：そうですか。あ、よかった。ただ、私は序論の説明が不明瞭かなって気になってるんですが、これ以上は、私の力ではなす術もなくて…。
M：言われてみれば、確かにそうでないとは言えないけど、まあそこはいいかな。…それより、ここ、本論のところでさ。
F：あ、はい。
M：引用した論文、これだけ？しかもこれずいぶん前に書かれたものだろう。先行研究として成り立たないと思うけど。
F：そうですね…。他も当たってみます。
M：うん、その方がいいと思うよ。信憑性は大事だから。輪転機の予約はした？今日中に予約しないと、使えないぞ。
F：はい、それはばっちりです。

해석 F：선배, 내일모레 제미 발표용 자료, 좀 봐주시겠어요?
M：어디, 흠…. 괜찮은데? 알기 쉬워.
F：그래요? 아, 다행이다. 단지, 저는 서론의 설명이 명료하지 않은 것 같은 기분이 드는데, 이 이상은 제힘으로는 해결할 수가 없어서요….
M：듣고 보니까 확실히 그렇긴 한데, 뭐 그런 건 괜찮을 것 같아. …그것보다 여기, 본론 부분 말인데.
F：아, 네.
M：인용한 논문, 이것뿐이야? 게다가 이거 꽤 옛날에 쓰여진 거지? 선행연구로써 성립하지 않는다고 생각하는데.
F：그러네요…. 다른 것도 찾아볼게요.
M：응, 그편이 좋다고 생각해. 신빙성은 중요하니까. 윤전기 예약은 했어? 오늘 중에 하지 않으면 사용 못 한다.
F：네, 그건 잘해 놨어요.

DAY 02

1 ②

2
F：すみません、夏季インターンシップに申し込みたいんですが。
M：はい、参加するためには、前年度のGPAが3.5以上である必要がありますが。
F：ええ、大丈夫です。こちら、前年度までの成績証明書です。
M：はい、ありがとうございます。ご希望の企業はどちらですか。
F：米沢銀行です。
M：承知しました。こちらに申し込む場合、「簿記Ⅱ」を履修している必要がありますが、既に履修済みですか？
F：はい、あの、社会保険に加入しなきゃいけないと言われましたが…。
M：それは、合格したら会社側が行いますので、今は大丈夫です。
F：あ、そうですか。分かりました。
M：あと、担当教員の推薦状はお持ちですか。
F：あ、それも必要ですか。
M：金融系の会社に申し込む際は必須となっております。
F：分かりました。じゃ、もらってからにします。

해석
F : 실례합니다, 하기 인턴십을 신청하고 싶은데요.
M : 네, 참가하시려면 전년도 GPA가 3.5 이상일 필요가 있습니다만.
F : 네, 괜찮아요. 여기, 전년도까지의 성적증명서입니다.
M : 네, 감사합니다. 희망하시는 기업은 어디인가요?
F : 요네자와 은행입니다.
M : 알겠습니다. 여기를 신청하실 경우, '부기Ⅱ' 과목을 이수하실 필요가 있는데요, 이미 이수하셨나요?
F : 네, 저어, 사회보험에 가입해야 한다고 들었는데요….
M : 그건 합격하면 회사 측에서 진행하니까, 지금은 괜찮아요.
F : 아, 그렇군요. 감사합니다.
M : 그리고, 담당 교원의 추천장은 갖고 계세요?
F : 아, 그것도 필요한가요?
M : 금융 계열 회사에 신청할 때는 필수로 되어 있습니다.
F : 알겠습니다. 그럼, 받고 나서 할게요.

DAY 03

1 ③

2
F：はい、三葉商事の後藤です。
M：いつもお世話になっております。四菱ガスの野村と申します。横川部長いらっしゃいますか？
F：いつもお世話になっております。横川は、ただいま席を外しておりますが…。どのようなご用件でしょうか。
M：あ、そうですか…。あの、横川部長はいつ頃お席に戻られそうですか。ちょっと急用ですので、なるべく早くご連絡いただきたいのですが。
F：そうですね…、はっきりとは言えませんが、外回りに出ていますので…、15時頃には帰社する予定になっております。
M：あ、そうですか。
F：お急ぎでしたら、ご用件を横川にお伝えした上で横川から折り返しさせることも可能です。
M：あ、そうですか。では、商品の納品に問題が生じたため、至急ご連絡いただきたいとお伝えいただけますでしょうか。
F：かしこまりました。ご伝言、承りました。

해석
F：네, 미츠바 상사의 고토입니다.
M：항상 신세 지고 있습니다. 요츠비시 가스의 노무라라고 합니다. 요코카와 부장님 계십니까?
F：항상 신세 지고 있습니다. 요코카와는 지금 자리를 비웠습니다만…, 어떤 용건일까요?
M：아, 그런가요…. 저, 요코카와 부장님은 언제 자리에 돌아오시나요? 조금 급한 용건이라서, 되도록 빨리 연락을 부탁드리고 싶은데요.
F：글쎄요…, 확실히는 말할 수 없지만, 외근을 나가 있어서요…, 15시 경에는 회사에 돌아올 예정입니다.
M：아, 그렇군요.
F：급한 용무이면, 용건을 요코카와에게 전한 후에 요코카와로부터 다시 전화하도록 하는 것도 가능합니다.
M：아, 그렇습니까? 그럼, 상품 납품에 문제가 생겨서, 최대한 빨리 연락 부탁드린다고 전해주세요.
F：알겠습니다, 전언 받았습니다.

DAY 04

1 ④

2
M：大島さん、プレゼンの資料お疲れ様。今見たんだけど、直してほしいところにメモしておいたよ。
F：あ、はい！ありがとうございます！
M：うん、それで、今から修正してもらえるかな？
F：あ…。あの、実は、さっき西村課長に頼まれた会議資料をまとめているところでして…。修正はその後でも大丈夫でしょうか？1時間ほどで終わる見込みですが…。
M：あ、それも君がしていたか。うーん…。僕のって、本当にメモ見てそのまま写せばいいものだからそんなに時間かからないと思うけど。15分くらいじゃないかな？悪いがこれやってからにしてくれない？急ぎなんで。
F：はい、かしこまりました。
M：あと、今度、増田商事との会食のことだが、大島さんも来るんだよね？
F：はい、その予定です。
M：そう。あそこの社長、実はお肉が好きだけど、最近お肉は控えているんだって。だから、ビーガン食堂があるか調べてほしいんだ。
F：分かりました。
M：それは、仕事が全部終わってからでいいから。

해석
M：오오시마 씨, 프레젠테이션 자료 수고했어. 지금 봤는데, 고쳤으면 하는 부분에 메모해 뒀어.
F：아, 네! 감사합니다!
M：응, 그래서, 지금부터 수정해 줄 수 있을까?
F：아…. 저기, 사실은 아까 니시무라 부장님에게 부탁받은 회의 자료를 정리하고 있는 참이었는데요…. 수정은 그 후에 해도 괜찮을까요? 1시간 정도면 끝날 예정인데요….
M：아, 그것도 오오시마 씨가 하고 있었구나. 음…. 내 거는 정말 메모 보고 그대로 옮기면 되는 거니까, 그렇게 시간 걸리지 않을 것 같은데. 15분 정도 아닐까? 미안하지만 이걸 하고 나서 해 줄래? 급해서.
F：네, 알겠습니다.
M：그리고, 이번에 마스다 상사와의 회식 말인데, 오오시마씨도 올 거지?
F：네, 그럴 예정입니다.
M：그렇구나. 거기 사장님, 사실은 고기를 좋아하는데, 최근 고기는 삼가고 있대. 그러니까 비건 식당이 있는지 알아봐 줬으면 해.
F：알겠습니다.
M：그건, 일이 전부 끝나고 나서 해도 되니까.

DAY 05

1 ①

2 M：先日行ったホームページ改善に関するアンケートの結果を基に<u>ホームページのレイアウトを修正したい</u>と思います。

F：はい。

M：<u>新商品やセール情報を最初に確認したい</u>という要望があったので、<u>メインページ</u>にその内容を入れたいんですが、どのくらいかかりますか。

F：そうですね…。<u>メインページのコードを全体的に修正することになりますので、1週間ぐらいかかる</u>と思います。それまではポップアップで情報を提供したらどうですか。

M：それで行きましょう。あと、<u>商品の位置が分かりにくい</u>という意見もありました。

F：そうですか。カテゴリーアイコンが<u>全面</u>に出ているとデザイン的に見にくいかと思って、あえて隠したのですが、そのせいですかね。

M：いや、<u>カテゴリーの位置が分かりにくい</u>というより、<u>アイコンの問題</u>ですね。視覚的な情報だけで、<u>活字</u>(かつじ)がないので何を売っているか分からない、ってことでした。デザインはきれいだという意見が多かったので、そのままでいいと思います。まずは、そこだけ<u>直して</u>もらえますか。

F：はい、それはすぐできます。明日までに終わらせますね。

해석

M：지난번에 진행한 홈페이지 개선에 관한 설문조사 결과를 기초로 홈페이지 레이아웃을 수정하려고 합니다.

F：네.

M：신상품이나 세일 정보를 제일 처음에 확인하고 싶다는 요망이 있었으므로, 메인 페이지에 그 내용을 넣고 싶은데요, 얼마나 걸릴까요?

F：글쎄요…. 메인 페이지의 코드를 전체적으로 수정하게 되므로, 1주일 정도 걸릴 것으로 생각됩니다. 그때까지는 팝업창으로 정보를 제공하면 어떨까요?

M：그걸로 갑시다. 또, 상품 위치를 알기 어렵다는 의견도 있었어요.

F：그런가요? 카테고리 아이콘이 전면에 나와 있으면 디자인적으로 보기 어려울까 싶어서, 일부러 숨겼는데, 그 탓일까요?

M：아뇨, 카테고리 위치가 알기 어렵다기보다, 아이콘의 문제네요. 시각적인 정보뿐으로, 활자가 없어서 뭘 팔고 있는지 모르겠다는 것이었어요. 디자인은 예쁘다는 의견이 많았으므로, 그대로도 좋다고 생각합니다. 먼저, 그것부터 고쳐 주시겠어요?

F：네, 그건 금방 할 수 있어요. 내일까지 끝낼게요.

3 ④

4 F：ね、社内掲示板の海外研修についてのお知らせ、読んだ？
M：いや、まだ掲示板、読んでいなくて。海外研修って？向こうの企業で働いてみるとか？
F：そうよ。今年から新設したんだって。2週間ほど向こうの会社で新技術を学ぶことができるらしいよ。お知らせに協定を結んだ会社の一覧も書いてあったけど、有名な会社が多かったよ。
M：へえ、君は申し込むつもり？
F：うん、めったにない機会だし。グローバル市場で通用する販売方法を身につけたいし。
M：そうだね。僕も先進技術、身につけたいから、申し込もうかな。
F：でも海外に行くもんだから、英語ができる証明が必要だよ。そういうの持ってる？
M：それは大丈夫。ちゃんと持ってるよ。海外に行くんだから…、ビザとか取っておいた方がいいかな？
F：それは、研修に合格してから会社側で一括手続きすると書いてあったよ。
M：え、「合格したら」ってことは、申請者全員行けるってわけではないってこと？
F：ううん、先着30名限定だって。結構人気ありそうだったから、早く申し込まないといけないよ。それにテストまで受けないといけないから。
M：えー、テストまであるのか。その対策もしなきゃだな。ひとまず、先にやるべきことやろうか。

해석
F：있잖아, 사내 게시판의 해외 연수에 대한 안내문 읽었어?
M：아니, 아직 게시판 안 읽어서. 해외 연수라고? 저쪽 기업에서 일해 본다던가?
F：맞아. 올해부터 신설했대. 2주 정도 저쪽 회사에서 신기술을 배울 수 있다고 해. 안내문에 협정을 맺은 회사 일람도 쓰여 있었는데, 유명한 회사가 많았어.
M：헤에, 너는 신청할 거야?
F：응. 좀처럼 없는 기회이기도 하고. 글로벌 시장에서 통용되는 판매 방법도 익히고 싶고.
M：그렇네. 나도 선진기술을 익히고 싶으니까, 신청할까.
F：하지만 해외에 가는 거니까, 영어를 할 수 있다는 증명이 필요해. 그런 거 갖고 있어?
M：그건 괜찮아. 확실히 갖고 있어. 해외에 가는 거니까…, 비자라든가 받아 두는 편이 좋을까?
F：그건, 연수에 합격하고 나서 회사 측에서 일괄 수속한다고 쓰여 있었어.
M：엇, '합격하면'이라는 거, 신청자 모두 갈 수 있는 게 아니라는 거야?
F：아니야. 선착순 30명 한정이래. 꽤 인기 있어 보였으니까, 빨리 신청하지 않으면 안 돼. 게다가 시험도 봐야만 하니까.
M：이런~ 시험까지 있어? 그 대책도 세워야겠네. 우선, 먼저 해야 할 걸 할까.

DAY 06

1 ②

2
M：あー、どうしよう、アルバイトの先輩を怒らせちゃったみたい。
F：え？どうしたの？
M：それがね、来週のアルバイトのシフトを昨日までに伝えなければならなかったけど。
F：伝えなかったの？それは怒るわよ。
M：いやいや、伝えたよ。だけど今朝、母から電話があってね。来週、実家に帰らなければならなくなって、日程を変えてもらいたくてメール送ったんだけど、もうシフト組むの終わったらしくて。
F：あー。また調整することになるでしょう。あれは面倒くさいよ。
M：いや、それはしてもらったけど、僕がそもそも間違ったシフトを伝えたってのが後に分かってさ。そうしたら先輩が、なんで最初からきちんと日程を確認しないんだ、って。
F：そりゃそうだよ。

해석
M：아, 어떡하지. 아르바이트 선배를 화나게 한 것 같아.
F：어? 무슨 일 있어?
M：그게 말이야, 다음 주 아르바이트 근무일을 어제까지 전달했어야 하는데.
F：안 전했어? 그건 화나지.
M：아니야, 전달했어. 그런데 오늘 아침, 엄마가 전화하셔서. 다음 주 본가에 돌아가게 되어서, 일정을 바꾸고 싶어서 메일을 보냈는데, 이미 근무일 정하는 거 끝난 것 같더라고.
F：아~ 또 조정하게 되잖아. 그건 귀찮아.
M：아니, 그건 해 줬는데, 내가 애초에 틀린 근무일을 전달했다는 걸 나중에 알게 되어서 말이야. 그랬더니 선배가 왜 처음부터 제대로 일정을 확인하지 않았냐고 하더라고.
F：그야 그렇지.

DAY 07

1 ④

2
M：トルコにはギョベクリ・テペという遺跡があります。この遺跡は、巨大な石造建築物やその柱からなるものですが、なんと1万1700年前の旧石器時代に建てられたものということが分かり、世界を驚かせました。この遺跡では初期の農業の痕跡が見えることと共に、信仰のために建てられたとされる構造物が発見されています。そして人々は、この周りに一定期間定住しながら信仰していたとみえます。この遺跡が発見される前までは、この時期の人類はまだ巨大な施設を建てられるほどの文明を持っていないとされていましたが、この遺跡の発見により、今までの常識が覆される可能性があって、学界が動揺しています。

해석　M : 튀르키예에는 괴베클리 테페라는 유적이 있습니다. 이 유적은 거대한 석조 건축물이나 그 기둥으로 구성된 것입니다만, 무려 1만 1700년 전의 구석기 시대에 지어진 것이라는 것을 알게 되어, 세계를 놀라게 했습니다. 이 유적에서는 초기 농업 흔적이 보임과 함께, 신앙을 위해 세워졌다고 여겨지는 구조물이 발견되고 있습니다. 그리고 사람들은 이 주변에 일정 기간 정착하면서 신앙을 했던 것 같습니다. 이 유적이 발견되기 전까지는 이 시기의 인류는 아직 거대한 시설을 만들 수 있을 정도의 문명을 가지고 있지 않았다고 여겨졌습니다만, 이 유적의 발견에 의해 지금까지의 상식이 뒤집힐 가능성이 있어, 학계가 동요하고 있습니다.

DAY 08

1　③

2　F : 最近、ソフトウェア開発者が人気の職業として注目されているよね。学歴はもちろん、性別も問わないで、純粋に実力だけで評価されるというしね。

　　M : そうだね。僕の周りにも、それに魅力を感じてソフトウェア開発を勉強している人もいるよ。

　　F : でしょう、で、私も職業を変えようと思っているんだけどね。

　　M : え、本当に？なかなか難しい決定をしたな。

　　F : うん。今の仕事も安定しているし、悪くはないけど、やっぱりね、いろいろと限界が見えてくるもんだから、まだ若いうちに新しいものに挑戦してみたくてね。でも、ちょっと不安なんだよね…。

　　M : どうして？ああ、開発ってパソコンの勉強が必要だから。難しいだろうね。

　　F : それもあるけど、それより、ソフトウェア開発って繊細な作業だから、少しでも間違えたら動かなくなるでしょう。だから、そのテストを何回も行わないといけないとか聞いたのよ。ちゃんと動くまで残業が続くんだって。そうなると、ワークライフバランスが取れなくなるから、ちょっと怖いかな…と思って。

　　M : それは、まず勉強してから考えても遅くないと思うけど。

해석　F : 최근 소프트웨어 개발자가 인기 있는 직업으로 주목받고 있잖아. 학력은 물론, 성별도 묻지 않고 순수하게 실력만으로 평가받는다고 하고.

　　M : 맞아. 내 주변에도 거기에 매력을 느껴서 소프트웨어 개발을 공부하고 있는 사람도 있어.

　　F : 그렇지? 그래서, 나도 직업을 바꾸려고 생각하고 있는데.

　　M : 어, 진짜? 꽤 어려운 결정을 했네.

　　F : 응, 지금 일도 안정되어 있고, 나쁘진 않은데, 역시, 여러 가시로 한계가 보였으니까, 아직 젊을 때 새로운 것에 도전해 보고 싶어서. 하지만, 조금 불안하긴 해….

　　M : 왜? 아, 개발은 컴퓨터 공부가 필요하니까. 어렵겠다.

　　F : 그것도 있지만, 그것보다, 소프트웨어 개발은 섬세한 작업이니까, 조금이라도 틀리면 움직이지 않게 되잖아. 그러니까, 그 테스트를 몇 번이나 해야만 한다고 들었어. 제대로 움직일 때까지 잔업이 계속된대. 그렇게 되면, 일과 생활의 균형이 맞지 않게 되니까, 조금 무섭다… 싶어서.

　　M : 그건 먼저 공부하고 나서 생각해도 늦지 않다고 보는데.

DAY 09

1 ④

2 M：本日は、日本における獣医学の権威であり、動物が健康な生活を営むために様々な活動をしていらっしゃる吉澤先生にお話を伺いたく思います。先生は、高校3年になって初めて獣医学部への進学をお決めになったとお聞きしましたが。

F：ええ、そうです。もともと家庭内でもペットを飼ってはいましたが、特に動物の健康には興味がなく、高2までは普通の医学部、それも外科を志望していましたね。でも、高校3年生になって初めての進路相談で、医学部に行くには少し成績が足りないと言われまして。

M：そうだったんですね。

F：ええ。一生懸命頑張っていたと思ったのに意外とショックで、でも医学に関する仕事に就きたいという気持ちに変わりはなく、じゃどうすればいいか、と相談したところで、先生に「では、獣医学部はどうか」と勧められたんですね。

M：なるほど。

F：そこで、半分軽い気持ちで選んだ進路だったのですが、いざ入ってみたら意外と日本ってまだ動物福祉に関する認識が薄いということに気づいたのですね。で、そこから動物施設でボランティアをしたり、動物に関するドキュメンタリーを視聴したりしながら、この分野で自分の力を尽くそう、と決めたんです。

M：最初は軽い気持ちでしたけど、だんだん責任感が増してきたということですね。

F：そうですね。最初の決定は先生によるところが大きかったんですけど、それからは自分の意志でこの道をずっと進もうと決めたということですね。

M：いい先生の指導というものが、非常に重要だということでしょうかね。

F：そうかもしれませんね。

해석 M：오늘은 일본 수의학의 권위자이자, 동물이 건강한 생활을 영위하기 위해 여러 가지 활동을 하고 계시는 요시자와 선생님께 말씀을 들어보고자 합니다. 선생님은 고등학교 3학년이 되고 나서 비로소 수의학부로의 진학을 정하셨다고 들었는데요.

F：네, 맞습니다. 원래 가정 내에서도 반려동물을 기르고는 있었는데요, 딱히 동물 건강에는 흥미가 없고, 고2까지는 일반적인 의학부, 그것도 외과를 지망했었습니다. 하지만, 고등학교 3학년이 되고 나서 처음 받은 진로상담에서, 의학부에 가기에는 약간 성적이 부족하다고 들어서요.

M：그러셨군요.

F：네. 열심히 노력했다고 생각했는데 의외로 충격이어서, 하지만 의학과 관련한 일을 하고 싶다는 마음에는 변함이 없었기에, 그럼 어떡하면 좋을지 상담했을 때, 선생님께 '그럼 수의학부는 어떨까?'하고 추천받았어요.

M : 그렇군요.
F : 그래서, 반쯤 가벼운 마음으로 선택한 진로였습니다만, 막상 들어가 봤더니 의외로 일본은 아직 동물복지에 관한 인식이 옅다는 것을 알게 되었어요. 그래서, 그로부터 동물 시설에서 봉사활동을 하기도 하고, 동물에 관한 다큐멘터리를 시청하기도 하면서 이 분야에서 내 힘을 다 쏟자고 결정한 것입니다.
M : 처음에는 가벼운 마음이었지만, 점점 책임감이 늘어났다는 것이네요.
F : 그렇네요. 처음 결정은 선생님에 의한 바가 컸습니다만, 그 후부터는 자신의 의지로 이 길을 계속 나아가자고 결정했다는 거죠.
M : 좋은 선생님의 지도가 매우 중요하다는 걸까요?
F : 그럴지도 모르겠네요.

DAY 10

1 ④

2 F : どうしよう、<u>先生を怒らせちゃった</u>。どう謝ればいいかな。
M : え？何かあったの？
F : いや、それがね…。来週のセミナーの資料をね、今日の午前中までに<u>先生に渡さなければならなかったけど、渡せなくて</u>…。
M : それで先生、怒ったの？
F : いや、そうじゃなくて。実は、<u>資料の作成自体は結構早めに終わっていた</u>。それで、もう1度検討したくて<u>資料が入っていたUSBを家に持ち帰ったんだよね</u>。
M : え、もしかしてあれをなくしちゃったとか？
F : ううん、まさか。ただ、念のため資料を私のパソコンにバックアップしてたの。そして、朝忙しかったからそれをそのまま<u>パソコンに挿したまま置いてきちゃって</u>…。
M : それは、先生も怒るよ。
F : ううん、それで怒られたというより、先生がね、重要な文書なのに、どうして<u>許可も取らずに外部に持ち出すんだ</u>、って。
M : そりゃそうだな。

해석
F : 어떡해, 선생님을 화나게 했어. 어떻게 사과드리면 좋을까?
M : 어? 무슨 일 있었어?
F : 아니, 그게…. 다음 주 세미나 자료를 오늘 오전 중까지 선생님께 전해드려야만 했는데, 전해드리지 못해서….
M : 그래서 선생님 화나신 거야?
F : 아니, 그게 아니라. 사실은, 자료 작성 자체는 꽤 빨리 끝났어. 그래서, 한 번 더 검토하고 싶어서 자료가 든 USB를 집에 가져갔거든.
M : 설마 그걸 잃어버린 거야?
F : 아니, 그럴리가. 단지, 혹시 몰라서 자료를 내 컴퓨터에 백업해 뒀었어. 그리고, 아침에 바빠서 그걸 그대로 컴퓨터에 꽂아 두고 나와서….
M : 그건 선생님도 화나시지.
F : 아니, 그래서 혼났다기보다는, 선생님이, 중요한 문서인데, 왜 허가도 없이 외부에 반출하냐고 하셔서 말이야.
M : 그야 그렇지.

3 ①

4 M：若者の投票率に関する発表のことで調べてみたけど、確かここ最近、若者の投票率がまた低迷しているね。

F：そうよね。ついこの前の選挙だって、若者の投票率が下がったってニュースで見たの。マスコミとかでは若者の選挙に関する関心が低迷しているからって言ってたけど…。

M：ある新聞でそれに関したアンケート調査をしたことがあったけど、その結果によるとそうではなさそうだけどね。ただ、経済悪化が続いているというのに、どの政党でもこれといったマニフェストを掲(かか)げてなかったから、信頼を持てなかったんだろうな。

F：そうだよね。院内(いんない)政党ともなれば、何か答えを持っているだろうと思ってたのに、就職問題といい賃金問題といい、はっきりとした答えがなかったね。また、今回は時期も悪かったと思うよ。5月の頭なんて、ゴールデンウイークの最中じゃん。

M：マスコミでも時期が悪かったと言うけど、その前の選挙だって時期は同じだったよ。

F：じゃ、やっぱり問題はそっちじゃないんだね。

해석

M：청년층의 투표율에 대한 발표 때문에 조사해 봤는데, 확실히 최근, 청년층의 투표율이 또 저조하네.

F：그렇네. 바로 요전 선거도 청년층의 투표율이 내려갔다고 뉴스에서 봤어. 매스컴 등에서는 청년층의 선거에 대한 관심이 저조하기 때문이라고 하던데….

M：어느 신문에서 그에 관한 설문조사를 한 적이 있는데, 그 결과에 의하면 그런 것 같지는 않지만 말이야. 다만 경제 악화가 계속되고 있는데, 어느 정당에서도 이렇다 할만한 공약을 내지 않았으니까, 신뢰할 수 없었겠지.

F：그렇지. 원내 정당쯤 되면 뭔가 답을 갖고 있을 거로 생각했는데, 취직 문제며 임금 문제며, 제대로 된 답이 없었지. 또, 이번에는 시기도 나빴다고 생각해. 5월 초라니, 골든위크잖아.

M：매스컴에서도 시기가 나빴다고 얘기했지만, 그전 선거도 시기는 같았어.

F：그럼, 역시 문제는 그쪽이 아니네.

DAY 11

1 ③

2 M：近年、単身世帯の増加に伴い、ペットの飼育頭数も増えつつあります。それによりペット産業の規模も拡大しており、莫大な経済的効果を生み出しています。ただ、これには明暗もあり、ペットの頭数が増えたかたわら、捨てられているペットの数も日々増加しています。このように捨てられたペットは野生化し人間を攻撃したり、感染症の原因となり人間に病気を移すこともあります。何よりも問題なのは、捨てられたペットは一定期間が過ぎると殺処分されますので、毎日のように大切な命が奪われていることになります。こういった現象を無くすためには、生命の大切さを知り、きちんと責任を取って最後まで世話をすることを忘れないことをおいて他にないです。

해석 M：최근, 1인 가구 증가에 따라 반려동물 수도 늘고 있습니다. 그에 따라 반려동물 산업도 확대되어, 막대한 경제적 효과를 낳고 있습니다. 단지, 여기에는 명암도 있어, 반려동물의 수가 늘어나는 한편 버려지는 반려동물의 수도 나날이 증가하고 있습니다. 이렇게 버려진 반려동물은 야생화하여 인간을 공격하기도 하고, 감염병의 원인이 되어 인간에게 병을 옮기는 경우도 있습니다. 무엇보다 문제인 것은 버려진 동물은 일정 기간이 지나면 살처분되기 때문에, 매일 소중한 목숨이 사라지고 있는 것입니다. 이러한 현상을 없애기 위해서는, 생명의 소중함을 알고, 제대로 책임을 지고 끝까지 돌보는 것을 잊지 않는 것을 제외하고 달리 방법은 없습니다.

DAY 12

1 ②

2 M：近年、「まちづくり」という言葉をよく耳にするようになりました。これについては研究者ごと意見が分かれることもありますが、基本的には「身近な居住環境の改善」と、それによる「地域の魅力や活力を高めること」です。この言葉が登場したのは1952年です。当時は急激な都市化により様々な都市問題が起こっていた時代ですが、このような都市問題の解決を自治体任せにせず、まちの住民が率先して解決していこうという考えから生まれた概念です。今になっては、その意味が拡張し、衰退したまちを再復興させるために、そのまちならではの魅力を発していこう、という概念も含めるようになりました。

해석 M：최근, '마을 꾸미기'라는 말을 자주 듣게 되었습니다. 이에 관해서는 연구자마다 의견이 갈리는 경우도 있습니다만, 기본적으로는 '일상의 주거환경 개선'과, 그에 따른 '지역의 매력이나 활력을 높이는 것'입니다. 이 말이 등장한 것은 1952년입니다. 당시는 급격한 도시화에 의해 여러 가지 도시 문제가 발생한 시대였는데요, 이러한 도시 문제의 해결을 자치단체에 맡기기만 하는 것이 아니라, 마을의 주민이 솔선하여 해결하자는 생각에서 출발한 개념입니다. 지금에 와서는 그 의미가 확장되어, 쇠퇴한 마을을 다시 부흥시키기 위해 그 마을만의 매력을 발산해 가자는 개념도 포함하게 되었습니다.

DAY 13

1 ①

2 M：我々は、誰でも財貨を等しく分け合うことこそが公平なことだと考えるきらいがあります。しかし、置かれた環境のいかんによらず財貨を等しく分け合うことは「平等」かもしれませんが、「公平」ではありません。人が営むことができる財貨は限られています。それを無理に「平等」に分けてしまうと、財貨の公平な営みはおろか、財貨が偏重されてしまい、財貨に触れることすらできない人が生じるだけです。「公平」とは、誰でも自分の置かれた状況を改善することに必要な分の財貨を営むことであるということを、この授業の皆さんには分かってほしいです。

해석　M：우리들은, 누구라도 재화를 동등하게 나누는 것이야말로 공평한 것으로 생각하는 경향이 있습니다. 그러나 주어진 환경 여하에 관계없이 재화를 동등하게 나누는 것은 '평등'일지도 모르지만, '공평'은 아닙니다. 사람이 영위할 수 있는 재화는 한정되어 있습니다. 그것을 무리하게 '평등'하게 나눠 버리면, 재화의 공평한 영위는커녕, 재화가 편중되어 버려 재화에 닿는 것조차 할 수 없는 사람이 생겨날 뿐입니다. '공평'이란, 누구라도 자신이 놓인 상황을 개선하는 것에 필요한 만큼의 재화를 영위하는 것이라는 것을, 이 수업의 모두가 알아주었으면 합니다.

DAY 14

1 ③

2 M：あの歌手、最近アルバム出したよね。聞いてみた？
　　F：聞いたよ！もともと歌が上手なことで有名な人だから歌唱力はすごくよかったの。聞いているだけで鳥肌が立つほど上手だったからすごくよかった。ただ、曲自体は私の好みではなくて、ちょっと重すぎるって感じがしたの。久しぶりのアルバムだし、もうちょっと明るくて軽いテンポの曲も入れてくれたらよかったのに、と思ったけど、重めのバラードが多かったからね。ま、もともとバラードで有名な歌手だし、好きな人も多そうだけどね！

해석　M：그 가수, 최근에 앨범 냈잖아. 들어봤어?
　　F：들었어! 원래 노래를 잘하는 걸로 유명한 사람이니까 가창력은 정말 좋았어. 듣기만 해도 소름이 돋을 정도로 잘했으니까 정말 좋았어. 단지, 곡 자체는 내 취향이 아니고, 약간 좀 무거운 느낌이 들었어. 오랜만에 낸 앨범이고, 좀 더 밝고 가벼운 템포의 곡도 넣어 주었으면 좋았을 텐데, 하고 생각했지만, 묵직한 발라드가 많았으니까. 뭐, 원래 발라드로 유명한 가수이고, 좋아하는 사람들도 많을 것 같지만 말이야!

DAY 15

1 ②

2 F：しつけをする際に重要なことは断固さです。規則や約束を守らなかった場合、子供は決まって言い訳をします。それをいちいち聞いてあげて、子供の都合を考慮していればきりがありません。何があってもルールは守らなければならないということ、約束は破るべからざるものであることを断固な態度で教えましょう。すべてを受容してあげることが、子供のためのものではありません。

해석　F：훈육할 때 중요한 것은 단호함입니다. 규칙이나 약속을 어겼을 경우, 아이는 반드시 변명합니다. 그것을 일일이 들어주고, 아이의 상황을 고려하면 끝이 없습니다. 무슨 일이 있어도 규칙은 지켜야만 한다는 것, 약속은 깨서는 안 된다는 것을 단호한 태도로 가르칩시다. 모든 것을 수용해 주는 것이, 아이를 위한 것은 아닙니다.

3 ③

4 M：昨日公開した映画、見に行ったんだろう？どうだった？
　　F：うん、すごく豪華だった。登場人物の衣装は言うまでもなく、海に星空が映るシーンがあったけど、その時のCGがとても豪華でね。見ごたえがあったの。ただね、ストーリーがね。原作が結構哲学的な内容なんだけど、それを活かしたのはいいとして、ストーリーの展開がすべて登場人物のナレーションによって進んでたせいで、ストーリーが単調といったらありゃしなかった。もっと他の演出技法を使ってたらよかったのに。

해석　M：어제 개봉한 영화, 보러 갔지? 어땠어?
　　F：응, 굉장히 호화로웠어. 등장인물의 의상은 말할 것도 없고, 바다에 밤하늘의 별이 비치는 장면이 있었는데, 그때의 CG가 매우 호화로워서 말이지. 볼 만했어. 단지, 스토리가 말이야. 원작이 꽤 철학적인 내용인데, 그것을 살린 것은 좋았는데, 스토리 전개가 전부 등장인물의 나레이션으로 진행된 탓에 스토리가 너무 단조로웠어. 좀 더 다른 연출 기법을 사용했으면 좋았을 텐데.

DAY 16
1 ① ② ② ①

2 ① M：お客様あってのお店だということを忘れないように、気を付けましょう。
F：1　お客様の予約はまだ入っていません。
　　2　いつもお客様に親切にするように頑張ります。
　　3　お客様が来られました。

② F：今度の試合の相手は、地元では強いチームで有名だって。
M：1　見事に勝ってみせる。
　　2　強くなりたいね。
　　3　強くなるためにはどうすればいいかな？

해석 ① M：손님이 있고 나서야 가게가 있다는 것을 잊지 않도록 주의합시다.
F：1　손님의 예약은 아직 들어오지 않았습니다.
　　2　항상 손님에게 친절하도록 노력하겠습니다.
　　3　손님 오셨습니다.

② F：이번 시합 상대는, 지역에서는 강팀으로 유명하대.
M：1　훌륭하게 이겨 보이겠어.
　　2　강해지고 싶다.
　　3　강해지려면 어떡하면 될까?

DAY 17
1 ① ③ ② ②

2 ① F：あの人、会社を経営するかたわら、大学で講義もしているんだって。
M：1　大学を卒業したってこと？
　　2　あの人、大学を辞めたの？
　　3　両立できるなんてすごいね。尊敬するな。

② M：宮内さん、泣かんばかりの顔でこっちを見ていたよ。
F：1　宮内さん、どうして泣いたの？
　　2　え？そう？何かあったのかな。
　　3　誰が泣いたのか教えて。

해석 ① F：저 사람, 회사를 경영하는 한편으로, 대학에서 강의도 하고 있대.
M：1　대학을 졸업했다는 거야?
　　2　저 사람 대학 그만뒀어?
　　3　양립할 수 있다니 멋있네. 존경스럽다.

② M：미야우치 씨, 울 듯한 얼굴로 이쪽을 보고 있었어.
F：1　미야우치 씨, 왜 울었어?
　　2　어? 그래? 무슨 일이 있었나?
　　3　누가 울었는지 알려줘.

DAY 18

1 **1** ① **2** ②

2 **1** M：大地震により、500Kgからなる電信柱が倒れたとのことです。
　　　　　F：1　<u>大変！人命被害はありませんでしたか。</u>
　　　　　　　2　電信柱の重さはどれくらいですか。
　　　　　　　3　電信柱を設置しますか。
　　　2 F：論文発表を間近に控えた今の気持ちはどう？
　　　　　M：1　今週から論文を読む勉強会に参加するんだ。
　　　　　　　2　<u>緊張しすぎて、頭が真っ白だよ。</u>
　　　　　　　3　論文書いたことある？

해석　**1** M：대지진으로 인해, 500kg의 전봇대가 쓰러졌다고 해요.
　　　　　F：1　큰일이네! 인명피해는 없었나요?
　　　　　　　2　전봇대의 무게는 어느 정도인가요?
　　　　　　　3　전봇대를 설치하나요?
　　　2 F：논문 발표를 앞둔 지금 마음은 어때?
　　　　　M：1　이번 주부터 논문 읽는 스터디에 참가해.
　　　　　　　2　너무 긴장해서 머릿속이 새하얘.
　　　　　　　3　논문 쓴 적 있어?

DAY 19

1 **1** ① **2** ①

2 **1** M：夏休みの宿題が終わらない。学校行きたくないな。
　　　　　F：1　<u>何言っているの。子供じゃあるまいし、きちんと宿題しなさい。</u>
　　　　　　　2　宿題終わったら私にも貸してくれない？
　　　　　　　3　今日、先生が宿題出したの？
　　　2 M：マイケルさんは、グローバル企業の副社長を経て、今回当社の代表取締役として就任することになりました。
　　　　　F：1　<u>聞いてるだけでも非常に優秀な人でしょうね。</u>
　　　　　　　2　社長になるのを余儀なくされたのですね。
　　　　　　　3　マイケルさんは、他の会社に移るのですか？

해석　**1** M：여름방학 숙제가 끝나지 않아. 학교 가고 싶지 않다.
　　　　　F：1　무슨 말을 하는 거니. 어린아이도 아니고. 제대로 숙제하렴.
　　　　　　　2　숙제 다 하면 나한테도 빌려줄래?
　　　　　　　3　오늘, 선생님이 숙제 내줬어?
　　　2 M：마이클 씨는 글로벌 기업의 부사장을 거쳐, 이번에 우리 회사의 대표이사로서 취임하게 되었습니다.
　　　　　F：1　듣기만 해도 매우 우수한 사람이겠네요.
　　　　　　　2　어쩔 수 없이 사장이 된 거네요.
　　　　　　　3　마이클 씨는, 다른 회사에 이동하는 건가요?

DAY 20

1 **1** ③ **2** ③ **3** ① **4** ②

2 **1** M：ああ、もう売り切れるなんて。買うかどうか迷うんじゃなかった。
　　F：1　売り切れたらいけないから早く行ってみて。
　　　　2　売り切れてしまったものは買えないの？
　　　　3　またの機会があるだろうから、落ち込まないで。

2 F：大学時代、マーケティング会社でインターンシップをしたことを機に、マーケティングに興味を持つようになりました。
　　M：1　インターンシップの経験はありますか。
　　　　2　インターンシップを控えて、いろいろ準備してみたよ。
　　　　3　その会社では主にどんなマーケティングをしていましたか。

3 M：あの映画、本当に悲しかったね。
　　F：1　本当。最後のシーンでは誰もが涙が止まらなかったね。
　　　　2　悲しい映画ならあまり見たくないよ。
　　　　3　彼は笑わんばかりにその映画を見ていた。

4 F：時代の変化に即した、新たな法律を作るべきです。
　　M：1　法律を作ることは難しいですね。
　　　　2　そうですね。時代に合わせて法律も改正するべきですね。
　　　　3　法律によると、それは禁じられています。

해석　**1** M：아, 벌써 매진이라니. 살지 말지 망설이지 말걸.
　　F：1　매진되면 안 되니까 빨리 가 봐.
　　　　2　매진되어 버린 건 살 수 없어?
　　　　3　또 기회가 있을 거니까, 낙담하지 마.

2 F：대학 시절에 마케팅 회사에서 인턴십을 한 것을 계기로, 마케팅에 흥미를 갖게 되었습니다.
　　M：1　인턴십 경험은 있습니까?
　　　　2　인턴십을 앞두고, 이것저것 준비해 봤어.
　　　　3　그 회사에서는 주로 어떤 마케팅을 했나요?

3 M：그 영화 정말 슬펐지.
　　F：1　정말. 마지막 장면에서는 누구나 눈물이 멈추지 않았지.
　　　　2　슬픈 영화라면 별로 보고 싶지 않아.
　　　　3　그는 웃을 것 같은 얼굴로 그 영화를 보고 있었어.

4 F：시대 변화에 입각한, 새로운 법률을 만들어야만 합니다.
　　M：1　법률을 만드는 건 어렵네요.
　　　　2　그렇죠. 시대에 맞춰 법률도 개정해야만 해요.
　　　　3　법률에 따르면 그건 금지되어 있어요.

DAY 21

1 ②

2 F：西田さん、この前和食屋の話してたよね。今度接待があるけど、どこかいいお店はないかな。会社から近くていい和食のレストラン、知らない？できるだけ高級な感じで、直接行ってみた人の感想が分かればいいんだけど。あと、できれば個室で仕切られている所でね。

M：そうですね。「金色」という店がいいと思います。前、家族と一緒に行ったことがありますが、全体的に落ち着いた感じで、全室個室なので周りを気にせずに話せました。料理も美味しかったですし、値段もコース一人あたり六千円ほどでそこそこでした。ただ、会社からちょっと遠いです。ここから歩くなら30分ほどですね。

F：西田さんが行ってみたところなら、ちょっと安心だね。

M：それから、前の会社の社長が利用していた「白鷺」という店もあります。ここは追加で単品の注文もできますし、お酒の種類も多様で接待に打って付けだと言われました。うちの会社からも近いですよ、歩いて10分くらい。ただ、値段が少々高くて、コース一人当たり八千円だそうです。

F：そう…。

M：あ、そうだ。会社から駅に行く途中に、接待で使えそうな店が新しくできていました。「つるり」という店です。僕は行ったことがないんで分からないですが、いつも人でいっぱいで列もあったので結構おいしいのでは？と思いましたが。個室もあるみたいですよ。「個室完備！」って書いている看板を見たことあります。

F：そうかもね。

M：あと、ネットの口コミで見ましたが、駅の近くの「美浜」もいいらしいですね。写真の雰囲気も高級でしたし、美味しそうでした。料理の値段もまあまあいけるくらいでした。ただ、個室はないって書いてありましたね。でも基本予約制で静かだからよかったと。

F：いろいろありがとう。やっぱり行った人の感想が分かるところがいいね。相手は食べるの大好きだから追加の注文ができるところにするよ。接待だし、値段は気にしなくていいや。ありがとう。

해석　F : 니시다 씨, 요 전에 일식 요리점 얘기했었지? 이번에 접대가 있는데, 어디 좋은 가게는 없을까? 회사에서 가깝고 좋은 일식 레스토랑 알아? 될 수 있는 한 고급스러운 느낌으로, 직접 가 본 사람의 감상을 알 수 있으면 좋겠는데. 그리고, 되도록 개별실로 나눠진 곳으로.

　　　M : 그러시군요. '콘지키'이라는 가게가 좋다고 생각해요. 전에 가족과 함께 간 적이 있는데, 전체적으로 차분한 느낌에, 전 객실이 개별실이라서 주위를 신경 쓰지 않고 얘기할 수 있었어요. 요리도 맛있었고, 가격도 코스 한 명당 육천 엔 정도로 그럭저럭 괜찮았어요. 단지, 회사에서 좀 멀어요. 여기서 걷는다면 30분 정도 걸립니다.

　　　F : 니시다 씨가 가본 적 있는 곳이라면, 조금 안심되네.

　　　M : 그리고, 전 회사 사장님이 이용하고 있던 '시라사기'라는 가게도 있습니다. 여기는 추가로 단품 주문도 가능하고, 술 종류도 다양해서 접대에 안성맞춤이라고 들었어요. 우리 회사에서도 가까워요. 걸어서 10분 정도. 다만 가격이 좀 비싸서, 코스 한 명당 팔천 엔이라고 합니다.

　　　F : 그렇구나….

　　　M : 아, 그렇지. 회사에서 역으로 가는 도중에, 접대로 쓸만한 가게가 새로 생겼어요. '츠루리'라는 가게예요. 저는 가본 적이 없어서 모르겠지만, 항상 사람이 많고 줄도 서 있었으니까 꽤 맛있지 않을까? 싶었거든요. 개별실도 있는 것 같아요. '개별실 완비!'라고 쓰여 있는 간판을 본 적이 있어요.

　　　F : 그럴지도 모르겠네.

　　　M : 또, 인터넷 평점에서 본 건데요, 역 근처의 '미하마'도 좋다고 해요. 사진 분위기도 고급스러웠고, 맛있어 보였어요. 요리 가격도 그럭저럭 괜찮았어요. 단, 개별실은 없다고 쓰여 있었어요. 하지만 기본적으로 예약제로 조용하니까 좋다고 해요.

　　　F : 여러 가지로 고마워. 역시 가본 사람의 감상을 알 수 있는 곳이 좋겠어. 상대는 먹는 걸 아주 좋아하니까 추가 주문을 할 수 있는 곳으로 할게. 접대이기도 하고, 가격은 신경 쓰지 않아도 괜찮아. 고마워.

DAY 22

1　①

2　M : すみません、スイスへ交換留学したいですが、奨学金の種類や支給条件、また交換留学の期間や申し込み条件について聞きたいです。

　　　F : 承知しました。まず、スイス交換留学をお考えでしたら、英語の単位が10単位、ドイツ語の単位が12単位必要です。向こうでは英語も通じますが、ドイツ語が最も一般的ですからね。下井さんは…、ドイツ語の単位が4単位ほど足りないですね。今年内に必要単位を全部取ってください。

　　　M : 今学期中に全部取っときます。えっと、向こうは9月から学期が始まりますね。9月には向こうで勉強し始めたいですが。

　　　F : ドイツ語の授業は、1学期に1回だけですので、4単位を取るためには2学期までこちらにいる必要があります。また、向こうの大学に出す願書や面接の準備もあるので、来年の秋学期に入学するのを目標にした方がいいです。

M：分かりました。交換留学は何年まで認められますか。あと、奨学金の種類も教えてください。

F：交換留学は基本、6ヶ月もしくは12ヶ月の中でお選びいただけます。学期が終わりましたら本校に戻ることを原則としています。奨学金は基本校内奨学金になりますが、ドイツ語と英語の成績が両方「A」以上だった学生に6ヶ月間20万円、12ヶ月間40万円を支給します。

M：外部奨学金には申し込めないですか？

F：申し込むことは自由ですが、その場合、校内奨学金は取り消しとなります。また、外部奨学金の場合申し込みの他にも試験や面接がありますので、ややこしいですね。

M：面接や試験…。できないことはないですが、他の書類の準備を考えると…。

F：どうします？

M：やっぱり、負担の少ない方を狙ってみます。できるだけ長くいられるもので。

해석
M : 실례합니다, 스위스로 교환 유학을 가고 싶은데요. 장학금의 종류나 지급조건, 또 교환 유학의 기간이나 신청 조건에 관해 묻고 싶어요.

F : 알겠습니다. 먼저, 스위스 교환 유학을 생각 중이라면, 영어 10학점, 독일어 12학점이 필요합니다. 저쪽은 영어도 통하지만, 독일어가 가장 일반적이니까요. 시모이 씨는…, 독일어 학점이 4학점 정도 부족하시네요. 올해 안에 필요한 학점을 전부 따 주세요.

M : 이번 학기에 전부 딸게요. 저기, 저쪽은 9월부터 학기가 시작되지요? 9월에는 저쪽에서 공부하기 시작하고 싶은데요.

F : 독일어 수업은, 1학기에 1번뿐이니까, 4학점을 따기 위해서는 2학기까지 여기에 있을 필요가 있습니다. 또, 저쪽 대학에 낼 원서나 면접 준비도 있으니까, 내년 가을 학기에 입학하는 것을 목표로 하는 편이 좋아요.

M : 알겠습니다. 교환 유학은 몇 년까지 인정받나요? 또, 장학금 종류도 알려 주세요.

F : 교환 유학은 기본적으로 6개월 또는 12개월 중에 고르실 수 있습니다. 학기가 끝나면 본교에 돌아오는 것을 원칙으로 하고 있어요. 장학금은 기본 교내 장학금입니다만, 독일어와 영어 성적이 둘 다 'A' 이상이었던 학생에게 6개월간 20만 엔, 12개월간 40만 엔을 지급합니다.

M : 외부 장학금에는 신청할 수 없나요?

F : 신청하시는 건 자유입니다만, 그럴 경우, 교내 장학금은 취소됩니다. 또, 외부 장학금의 경우 신성 외에도 시험이니 면접이 있어서, 번거롭네요.

M : 면접이나 시험…. 못 할 건 없지만, 다른 서류의 준비를 생각하면….

F : 어떡하실래요?

M : 역시, 부담이 적은 쪽을 노려보겠습니다. 될 수 있는 한 길게 있을 수 있는 걸로.

DAY 23

1 ③

2 ①

3 M1:今回、このように世界大会でいい結果を出せたこと、大変嬉しく思っております。今回の大会での勝因と言えば、やはり守備が非常に堅かったことですね。おかげで相手の攻撃が全く通用しなくて相手の士気が下がり、反対に私たちが猛攻撃することができました。堅い守備の重要さが分かった大会でした。特に記憶に残る試合と言えば、そうですね、私としては最初の試合ですね。世界でも有名なスタープレイヤーからなる最強チームだったので結局負けてしまいましたが、それを機に私たちの弱点が分かり、「次は絶対勝たずにはおかない」という覚悟を決めるようになりましたので、それが最も記憶に残っていますね。

M2:ああ、楽しかった。4強まで行けるとはね。16強に行けるだけで嬉しいと思ったのに、本当に感動的だったよ、今回の大会は。

F：本当に。私、最後の試合には泣いてしまったよ。とてもよかった。

M2:それは泣くよ。特にキャプテンが大ケガしてまでゴールを決めたもん。僕も泣いたよ。

F：うん。だから私はキャプテンも直近の試合が記憶に残っているんじゃないかな、と思ったけどね。

M2:そうだね。僕はその試合が一番記憶に残ったけどね。

F：やっぱり、観戦する人と直接試合に出る選手では、ちょっと感想が違うよね。

해석 M1:이번에 이렇게 세계대회에서 좋은 결과를 낼 수 있었던 것, 매우 기쁘게 생각합니다. 이번 대회의 승리 요인은 역시 수비가 매우 견고했던 것이네요. 덕분에 상대의 공격이 전혀 통하지 않아서 상대의 사기가 내려가고, 반대로 우리가 맹공격할 수 있었습니다. 견고한 수비의 중요성을 알게 된 대회였습니다. 특히 기억에 남는 시합이라면, 그렇네요, 저는 첫 시합이네요. 세계에서도 유명한 스타플레이어로 구성된 최강팀이었기에 결국 져 버렸지만, 그것을 계기로 우리들의 약점을 알고, '다음은 반드시 이기고야 말겠다'라는 각오를 다지게 되었기에, 그게 가장 기억에 남네요.

M2:아, 즐거웠다. 4강까지 가다니. 16강에 갈 수 있는 것만으로도 기쁘다고 생각했는데, 정말 감동적이었어, 이번 대회는.

F：정말. 나, 마지막 시합에선 울었어. 너무 좋았어.

M2:그건 울지. 특히 주장이 크게 다치면서까지 골을 넣었잖아. 나도 울었어.

F：응. 그러니까 나는 주장도 가장 최근 시합이 기억에 남지 않았을까, 했는데.

M2:그러게. 나는 그 시합이 가장 기억에 남았는데.

F：역시, 관전하는 사람과 직접 시합에 나가는 선수와는 약간 감상이 다르네.

DAY 24

1 ③

2 F：今回の住民会議の案件は、立島(たてじま)小学校の前の道路に歩道橋を設置するべきかということです。会議を始める前に、現状を説明させていただきますと、現在学校の前には横断歩道が一つありますが、学校の正門よりやや離れたところにあります。また、信号もないため、学校が建てられてから、交通事故の発生率が上がりつつあります。そのため、毎年歩道橋の設置の要望が絶えず続いていますが、なかなか市から許可がもらえていない状態にあります。

M1：本当に、これは設置されてしかるべきですよ。危ないじゃないですか。

M2：まさにその通りです。前、隣の家の娘さんが交通事故で6ヶ月も入院したことがありました。うちの子もああなるんじゃないか、って不安極まりないです。

M1：それは恐ろしい…。これは、早く設置してもらわないと困りますね。

M2：ええ。我慢するにもほどがあります。まずはこの会議で僕たちの要望を集めて、それを市役所といわず市議会といわず、どこにでも入れてみましょう。

M1：そうですね。今度こそ必ず通りますように。

해석 F：이번 주민 회의의 안건은, 타테지마 초등학교 앞 도로에 육교를 설치해야만 하는 것인가입니다. 회의를 시작하기 전에, 현재 상황을 설명해 드리자면, 현재 학교 앞에는 횡단보도가 하나 있습니다만, 학교 정문보다 살짝 떨어진 곳에 있습니다. 또, 신호등도 없어 학교가 세워지고 나서 교통사고 발생률이 높아지고 있습니다. 그 때문에 매년 육교 설치를 희망하는 목소리가 끊이지 않고 있습니다만, 좀처럼 시에서 허가를 내주지 않는 상태입니다.

M1：정말. 이건 설치해야 마땅하죠. 위험하잖습니까.

M2：그야말로 말씀하시는 대로입니다. 전에, 옆집 따님이 교통사고로 6개월이나 입원한 적이 있었어요. 우리 아이도 그렇게 되는 건 아닌가, 싶어서 불안하기 짝이 없어요.

M1：그건 무섭네요…. 이건, 빨리 설치해 주지 않으면 곤란하겠군요.

M2：네. 참는 데도 한계가 있어요. 먼저 이 회의에서 우리들의 요청을 모아서, 그것을 시청이며 시의회며 할 것 없이 어디든 보냅시다.

M1：그렇네요. 이번에야말로 반드시 통과되기를.

DAY 25

1 ③

2 F1：私たちのメイン商品である、インスタントカレーラインの売り上げが、最近横ばい状態となっています。よって、ラインナップのリニューアルを行うことになりました。何かいいアイデアがありましたら、気軽にお話しください。

F2：パッケージデザインを変えたらどうですか。今のデザインはもう30年近く使われていたデザインなので、消費者に新鮮な感じを与えられていないようです。

F1：そうですか…。

M：いや、それはちょっと冒険じゃないかと。イメージの刷り込みって大事なんですよ。どこで見つけても「あ、これね！」となりますから。それが販売に繋がることもあるので、いきなり変わるとかえって売り上げに影響があると思います。

F1：その可能性もなくはないですね。

M：僕に言わせれば、味のバリエーションを広くすればどうかと思いますが。最近は世界の多様な味を楽しむ人も多くなっているので、それに合わせていろんな味のカレーを出してもいいんじゃないか、と。

F2：でも、それは開発に時間が長くかかるのではないですか。開発費用を考えるとちょっと無理があるのでは…。味のバリエーションを変えるっていうより、辛さのレベルを細かく調整してはどうか、と。

M：それでは、何が改善されたのか分からないままだと思いますよ？

F1：お二人とも、いい意見ありがとうございました。お二人の意見をよく融合させてみてはどうかと思います。パッケージデザインはそのままにして親近感を与えつつも、辛さのレベルを調節してもっとお客様に気配りしました、という感じで。味付けのバリエーションを増やすのは、確かに費用がかかりますので、ちょっと段階的にやっていくといいかと思います。

해석 F1：우리의 메인 상품인 즉석 카레 라인의 매출이 최근 늘지 않는 상태입니다. 따라서, 라인업을 리뉴얼하기로 했습니다. 뭔가 좋은 아이디어가 있으시면 편하게 말씀해 주세요.

F2：패키지 디자인을 바꿔보면 어떨까요? 지금 디자인은 벌써 30년 가까이 쓰인 디자인이라서, 소비자에게 신선한 느낌을 주지 못하는 것 같습니다.

F1：그런가요….

M：아니, 그건 좀 모험 아닐까요? 이미지의 각인은 중요해요. 어디서 발견해도 '아, 이거!'라고 말하게 되니까. 그게 판매에 이어지는 것도 있으니까, 갑자기 바뀌면 오히려 매출에 영향이 있을 거라고 생각해요.

F1：그 가능성도 없진 않네요.

M：제 의견으로는, 맛의 종류를 넓게 하면 어떨까 싶습니다. 최근에는 세계의 다양한 맛을 즐기는 사람들도 많아졌으니까, 그에 맞춰 여러 가지 맛의 카레를 내도 좋지 않을까요?

F2：하지만, 그건 개발에 시간이 오래 걸리잖아요. 개발 비용을 생각하면 좀 무리이지 않을까…. 맛의 종류를 바꾸는 것보다, 매운맛 레벨을 세세하게 조정하면 어떨까요?
M：그래서는 뭐가 개선된 건지 모르지 않을까요?
F1：두 분 다 좋은 의견 감사합니다. 두 분의 의견을 잘 융합해 보면 어떨까 해요. 패키지 디자인은 그대로 둬서 친근감을 주면서도, 매운맛의 레벨을 조정해서 좀 더 고객을 배려했다는 느낌으로요. 맛의 종류를 늘리는 것은, 확실히 비용이 들기 때문에 조금 단계적으로 해나가면 좋을 것 같습니다.

3 ①

4 ③

5 F1：ワイヤレスイヤホンをお探しでしたら、こちらの4種類の製品をお勧めします。まずこちらは日本製の製品ですが、デザインも可愛く、コンパクトでいいです。ただ、1台しか繋がらないというところが短所と言えば短所ですね。次は中国製です。これは耳輪に掛けるもので、耳に負担が少ないです。ただ、耳からはちょっと遠いですので、音がやや小さく聞こえることがあります。次のアメリカ製はコンパクトで持ちやすい上に音質もこの中では一番よく、特にアクション映画など臨場感を味わう映画を鑑賞される際にお勧めです。最後の韓国製ですが、値段も手ごろで音量もいいです。また、この中では最もバッテリーの充電が速いです。ただ、ちょっと重みがあって耳にさすと重量感を感じるかもしれません。
M：僕は、音楽鑑賞が大好きだからな。音がよく聞こえるものがいいや。
F：じゃ、毎日使うってことでしょう？充電が早くできるのを買った方がいいね。
M：うん、でも耳に重みがあるのはちょっと不便じゃないかな。本当に毎日のようにつけているから、あまり重く感じない方がいい。
F：そうなのね。私は、どうしようかな。私は音質にはあまりうるさくないのよね。持ちやすければそれでよし！かな。それに、どこにでも繋がってしまうと、逆に私が使いにくくなるからそんなマルチ機能はなくてもいいわ。
M：そうなんだ。

해석 F1 : 무선 이어폰을 찾으신다면, 이 네 가지 제품을 추천합니다. 먼저 이쪽은 일본제 제품인데요, 디자인도 귀엽고 소형이라서 좋습니다. 단, 한대밖에 연결할 수 없다는 점이 단점이라면 단점이네요. 다음은 중국제입니다. 이것은 귓불에 걸치는 것으로, 귀에 부담이 적습니다. 단, 귀에서 좀 멀기에, 소리가 약간 작게 들릴 수 있습니다. 다음 미국제품은 소형이어서 들고 다니기 쉬운 데다가 음질도 이 중에서는 제일 좋아서, 특히 액션 영화 등 현장감을 느껴야 하는 영화를 감상하실 때 추천합니다. 마지막 한국제입니다만, 가격도 적당하고 음량도 좋습니다. 또, 이 중에서는 가장 배터리 충전이 빠릅니다. 다만, 약간 묵직해서 귀에 꽂으면 중량감을 느낄지도 모릅니다.

M : 나는 음악 감상이 취미이니까. 소리가 잘 들리는 게 좋아.

F2 : 그럼 매일 사용한다는 거지? 충전이 빠른 걸 사는 게 좋겠네.

M : 음, 하지만 귀가 묵직한 건 좀 불편하지 않을까? 정말 매일 같이 사용하니까, 별로 묵직한 감이 없는 게 좋아.

F2 : 그렇구나. 나는 어떡하지? 나는 음질은 별로 신경 쓰지 않는단 말이지. 갖고 다니기 편하면 그걸로 좋다고 할까. 게다가, 어디서든 연결되어 버리면, 거꾸로 내가 사용하기 어려워지니까, 그런 멀티 기능은 없어도 좋아.

M : 그렇구나.

DAY 26 1番 3

部活の顧問と学生が話しています。学生の祖父の米寿はいつですか。

F：コンクール大会も残り1ヶ月前なので、今日から毎日、猛練習を始めます。今年こそ優勝するために、みんな頑張ろうね！

M：先生、すみません！今月、祖父の米寿…、88歳の誕生日がありまして。その日だけ練習、抜けてもいいですか。

F：それは仕方ないね。でも、他の日は参加するのよ。で、いつ？

M：えっと、確か10日です。今月2週目の木曜日。

F：え？10日は水曜日よ。

M：あれ？じゃ、その次の週の金曜日…だった気がします。

F：その日は、学校の体育祭じゃないの。

M：あ、そうだった。すみません、ちょっと忘れてしまって…。体育祭から一週間後だって聞いた覚えがありますけどね。

F：じゃ、この日ね。分かったわ。

学生の祖父の米寿はいつですか。

해석 클럽 활동의 담당 선생님과 학생이 이야기하고 있습니다. 학생의 조부의 미수는 언제입니까?

F : 콩쿠르 대회도 앞으로 한 달 남았으니까, 오늘부터 매일 맹연습을 시작합니다. 올해야말로 우승하도록 모두 열심히 하자!

M : 선생님, 죄송해요! 이번 달에 할아버지 미수…, 88세 생신이 있어서요. 그날만 연습 빠져도 될까요?

F : 그건 어쩔 수 없지. 하지만, 다른 날은 참가해야 해. 그래서, 언제야?

M : 어, 아마 10일일 거예요. 이번 달 두 번째 주 목요일이요.

F : 응? 10일은 수요일이야.

M：어라? 그럼, 그다음 주의 금요일… 이었던 것 같아요.
F：그날은 학교 체육대회잖아.
M：아, 맞다. 죄송해요, 잊어버려서…. 체육대회에서 일주일 후라고 들었던 기억이 나요.
F：그럼 이 날이네. 알겠어.

학생의 조부의 미수는 언제입니까?

2番 2

女の人と動物病院の人が話しています。女の人は、これから何をしますか。

F：すみません、ハムスターの飼育方法について相談がありまして。
M：はい、どうぞ。
F：ハムスターのケージって、どれくらいの大きさがいいですか。ネットで適当に選んだものを買ったら、友達に狭いって言われたんです。
M：そうですね。ハムスターは意外と活動範囲が広い動物ですので、広ければ広いほど心地よいと思うそうです。それに、ハムスターって自分でトイレを作っておく習性がありますので、トイレと生活範囲との間にある程度の距離が保たれないといけませんね。
F：そうなのですね…。
M：はい、だから、種類にもよりますが、最小限5,000平方センチメートルくらいの大きさのケージにした方がいいです。あと、鉄のケージは良くないですね。
F：あ、この、鉄格子ではいけないんですか。
M：あ〜あまりお勧めしませんね。ハムスターって噛む習性がありますからね。この鉄格子を噛みすぎて歯を痛めることが多いですよ。ハムスターって小動物ですから、扱う病院もこの周辺ではうちの病院くらいなので。ケガすると大変なことになりますよ。
F：そうだったんですね…。知りませんでした。
M：あと、ベディングって言うんですが、ケージに敷くくずのようなものはありますか？ハムスターは穴を掘ってそこに身を潜めることがありますので、できるだけ高く敷いてやらないといけないですよ。
F：はい、それは友だちに言われまして、ネットで注文しました。ハーモニーホイルも。
M：いいですね。あと、温度も大事です。室内温度は18度から26度の間にして、湿度は60度を維持するといいでしょう。
F：温湿度計も必要ですね。ハムスターがうちに来たら、環境を整えるようにします。
M：はい、まずは最初に準備することから始めましょう。

女の人は、これから何をしますか。

해석 　여자와 동물 병원 사람이 이야기하고 있습니다. 여자는 앞으로 무엇을 합니까?

F : 실례합니다, 햄스터 사육 방법에 대해 상담하고 싶어요.
M : 네, 말씀하세요.
F : 햄스터 케이지는 어느 정도 크기면 되나요? 인터넷에서 적당히 고른 걸 샀더니, 친구가 좁다고 하더라고요.
M : 그렇네요. 햄스터는 의외로 활동 범위가 넓은 동물이라서, 넓으면 넓을수록 편안해 한다고 합니다. 게다가, 햄스터는 스스로 화장실을 만들어 두는 습성이 있어서, 화장실과 생활 범위와의 사이에 어느 정도 거리가 유지되어야 합니다.
F : 그렇군요….
M : 네, 그러니까, 종류에 따라 다르지만, 최소한 5,000제곱센티미터 정도의 크기의 케이지로 하는 편이 좋습니다. 또, 철로 된 케이지는 좋지 않아요.
F : 아, 이, 철창으로 된 건 안 좋은가요?
M : 아, 별로 추천하지 않아요. 햄스터는 씹는 습성이 있으니까요. 이 철창을 너무 씹어서 이를 다치는 경우가 많아요. 햄스터는 소동물이니까, 다루는 병원도 이 주변에서는 우리 병원 정도라서요. 다치면 큰일이 됩니다.
F : 그렇군요…. 몰랐어요.
M : 그리고, 베딩이라고 하는데, 케이지에 까는 부스러기 같은 것은 있으세요? 햄스터는 굴을 파서 거기에 몸을 숨기는 경우가 있어서, 될 수 있는 한 높이 깔아주지 않으면 안 됩니다.
F : 네, 그건 친구한테 들어서, 인터넷에서 주문했어요. 쳇바퀴도.
M : 좋네요. 또, 온도도 중요해요. 실내 온도는 18도에서 26도 사이로 하고, 습도는 60도를 유지하는 게 좋습니다.
F : 온습도계도 필요하겠네요. 햄스터가 집에 오면, 환경을 정비할게요.
M : 네, 먼저 처음에 준비해야 하는 것부터 시작합시다.

여자는 앞으로 무엇을 해야만 합니까?

DAY 27　　1番　4

大学の授業で女の学生が発表をしています。女の学生は投票率が上がった理由は何だと言っていますか。

F : 今回の衆議院(しゅうぎいん)選挙は、投票率が大幅に上がったことで話題になりました。特に、10代から30代までの若者の投票率が大きく上がったので、長年我が国の問題であった若者の選挙への参加率の低迷が解決したのであると考えられます。今回の選挙でこのように有意義な結果が出た理由としては様々なものが挙げられます。まず時期が年末年始やゴールデンウイークのような、人々が忙しい時期ではなかったこと、そして事前投票や海外居住者投票など、気軽に投票できるようにする様々な制度を設けたことが代表的な理由です。その中でも、後者の理由は、これまでの投票の面倒さを解決してくれたので、ここに最もの理由があるのではないかと考えられます。

女の学生は投票率が上がった理由は何だと言っていますか。

해석 　대학 수업에서 여학생이 발표하고 있습니다. 여학생은 투표율이 오른 이유는 무엇이라고 말하고 있습니까?

F：이번 중의원 선거는 투표율이 대폭 오른 것으로 화제가 되었습니다. 특히 10대에서 30대까지의 청년층 투표율이 크게 올랐기에, 오랜 기간 우리 나라의 문제였던 청년층의 선거에 대한 참가율의 저조가 해결된 것으로 생각됩니다. 이번 선거에서 이렇게 유의미한 결과가 나온 이유로서는 여러 가지를 들 수 있습니다. 먼저 시기가 연말연시나 골든위크와 같이 사람들이 바쁜 시기가 아니었던 것, 그리고 사전 투표나 해외 거주자 투표 등 편하게 투표할 수 있도록 하는 여러 가지 제도를 설치한 것이 대표적인 이유입니다. 그중에서도 후자의 이유는 이제까지의 투표의 귀찮음을 해결해 주었기에, 여기에 가장 큰 이유가 있는 것은 아닐까 생각됩니다.

여학생은 투표율이 오른 이유는 무엇이라고 말하고 있습니까?

2番 2

会社の社長とアナウンサーが話しています。この社長は、製品において動物実験を中止した理由は何だと言っていますか。

F：松村さんの会社は、化粧品メーカーで初めて動物実験をおやめになったとお聞きいたしました。松村さんはご自宅で愛犬を2匹飼われているとお聞きしましたが、その影響もございましたでしょうか。

M：それを受けて決めたこともありますが、それだけではありませんね。強いて契機を言うとしたら、動物実験の現場に見学に行った経験ですかね。

F：どういった経験でしたか。

M：僕は化学を専攻しましたので、動物実験をすることも、見学に行くこともよくありました。ある日、化粧品会社の実験室に見学に行くこととなりましたが、もともと化粧品会社で務めたかった僕は、非常にわくわくしていたのを覚えています。

F：そうですか。

M：ですが、そこでの実験は私が今まで経験した実験よりも結構厳しいものでした。そこから僕の中には、消すことのできない疑問が生じたのです。化学の分野で動物実験は必ず必要なのか、なくしてはいけないのか、という。

F：確かにそうですね。実験という名目で動物を虐待しているのではないか、という疑問が生じるでしょうね。

M：ええ。それから僕は、動物実験はしない会社を作りたいと思ったのです。そのためそれにかかわる書籍などもたくさん読みましたし、実際に海外に行って、どうやって動物実験なしでも安全な製品が作れるかも学んだりしました。今このように、自分の構想を実現に移した会社を立ち上げることができ、大変嬉しく思っております。

この社長は、製品において動物実験を中止した理由は何だと言っていますか。

해석 회사의 사장과 아나운서가 이야기하고 있습니다. 이 사장은 제품에서 동물 실험을 중지한 이유는 무엇이라고 말하고 있습니까?

F : 마츠무라 씨의 회사는 화장품 메이커로는 처음으로 동물실험을 그만두셨다고 들었습니다. 마츠무라 씨는 자택에서 애견을 두 마리 기르고 계시다고 들었는데요, 그 영향이 있으셨던 걸까요?

M : 그로 인해 결정한 것도 있습니다만, 그뿐만은 아니에요. 굳이 계기를 말하자면, 동물 실험의 현장에 견학을 간 경험일까요.

F : 어떤 경험이셨나요?

M : 저는 화학을 전공했기에, 동물 실험을 하는 것도, 견학 가는 경우도 자주 있었습니다. 어느 날 화장품 회사의 실험실에 견학 가게 되었습니다만, 원래 화장품 회사에서 일하고 싶었던 저는 매우 두근거렸던 것을 기억하고 있습니다.

F : 그러셨군요.

M : 그런데, 그곳의 실험은 제가 지금까지 경험한 실험보다도 꽤 심한 것이었어요. 거기에서 제 안에, 지울 수 없는 의문이 생긴 것입니다. 화학 분야에서 동물 실험은 꼭 필요한가, 없애서는 안 되는가, 하는.

F : 확실히 그러시겠네요. 실험이라는 명목으로 동물을 학대하는 것은 아닐까, 하는 의문이 생기겠네요.

M : 네. 그때부터 저는, 동물 실험은 하지 않는 회사를 만들고 싶다고 생각했습니다. 그러기 위해서 관련 서적 등도 많이 읽었고, 실제로 해외에 가서 어떻게 동물 실험 없이도 안전한 제품을 만들 수 있는지도 배우기도 했습니다. 지금 이렇게, 자신의 구상을 실현으로 옮긴 회사를 세울 수 있게 되어, 매우 기쁘게 생각하고 있습니다.

이 사장은 제품에서 동물 실험을 중지한 이유는 무엇이라고 말하고 있습니까?

DAY 28   1番   1

男の人が、環境問題について話しています。

M : 高度経済成長期の日本では、現在よりも激しい環境汚染による問題が発生しました。特に、4大公害病と呼ばれる「水俣病・第2水俣病・四日市ぜんそく・イタイイタイ病」の発病と、その原因には多くの日本国民がショックを受けました。もっとも、このような公害病の発病の原因が、産業廃棄物の処理にかかる費用を減らしたいという企業側の誤った選択だったからです。常識とははるかに離れた企業側の行為に、多くの国民が憤慨したのは、言うまでもないです。しかも、原因が明らかになってからも企業は長年それを認めようとせず、国民は企業が認めるまで「自分もこの病気にかかるかもしれない」という恐怖と、責任を認めない企業側への怒りを感じるしかありませんでした。

男の人は、環境問題の何について話していますか。
1　公害病の原因と当時の反応
2　公害病の定義
3　公害病の種類と症状
4　公害病の発病原理

해석 남자가 환경 문제에 대해 이야기하고 있습니다.

M : 고도경제성장기의 일본에서는, 현재보다도 극심한 환경오염에 의한 문제가 발생했습니다. 특히, 4대 공해병이라고 불리는 '미나마타병, 제2 미나마타병, 욧카이치 천식, 이타이이타이병'의 발병과 그 원인에는 많은 일본 국민이 충격을 받았습니다. 무엇보다도, 이러한 공해병의 발병 원인이 산업 폐기물의 처리에 드는 비용을 줄이고 싶다는 기업 측의 잘못된 선택이었기 때문입니다. 상식과는 멀리 떨어진 기업 측의 행위에, 많은 국민이 분개한 것은 말할 것도 없습니다. 심지어 원인이 명백해진 후로도 기업은 오랜 기간 그것을 인정하려 하지 않고, 국민은 기업이 인정하기까지 '나도 이런 병에 걸릴지도 모른다'라는 공포와 책임을 인정하지 않는 기업 측에 대한 분노를 느낄 수밖에 없었습니다.

남자는 환경 문제의 무엇에 대해 이야기하고 있습니까?

1 공해병의 원인과 당시의 반응
2 공해병의 정의
3 공해병의 종류와 증상
4 공해병의 발병원리

2番 2

ラジオで、女の人が話しています。

F : 虹の色はいくつかと聞かれたら、皆さんは何色あると答えますでしょうか。おそらく多くの方は、「虹は七色だ」と答えると思います。それも、日本では虹の色を七色だと学びますからね。ですが、ある国では虹の色を五色だと教えるそうです。また別の国では、虹の色は数えられないと教えています。ここから言えるものは何でしょうか。それは、私たちの知っている「常識」というものが実は固定観念である可能性が高いということです。厳密に言いますと、虹の色は無限で、私たち人間が識別できる色が七つしかないだけです。このように、私たち人間が分かる知識には限界があるがゆえに、私たちは常に謙遜な態度を取らなければならないのです。

女の人が主に伝えたいことは何ですか。

1 虹の生成原理
2 謙遜な態度を取るべき理由
3 虹の色と固定観念との関係
4 国ごとに違う虹の色の認識

해석 라디오에서 여자가 이야기하고 있습니다.

F : 무지개의 색은 몇 가지인가 하고 질문 받으면, 여러분은 몇 가지 색이라고 대답하실 건가요? 아마 많은 분은, '무지개는 일곱 색이다'라고 대답하실 거라고 생각합니다. 그것도, 일본에서는 무지개의 색을 일곱 색이라고 배우니까요. 그렇지만, 어느 나라에서는 무지개의 색을 다섯 색이라고 가르친다고 합니다. 또 다른 나라에서는 무지개의 색은 셀 수 없다고 가르치고 있습니다. 여기서 말할 수 있는 것은 무엇일까요? 그것은, 우리가 알고 있는 '상식'이라는 것이 사실은 고정관념일 가능성이 높다는 것입니다. 엄밀히 말하면, 무지개의 색은 무한으로, 우리 인간이 식별할 수 있는 색이 일곱 가지밖에 없을 뿐입니다. 이렇게, 우리 인간이 이해하는 지식에는 한계가 있기에, 우리는 항상 겸손한 태도를 취하지 않으면 안 됩니다.

여자가 주로 전하고 싶은 것은 무엇입니까?

1 무지개의 생성 원리
2 겸손한 태도를 보여야만 하는 이유
3 무지개의 색과 고정관념과의 관계
4 나라마다 다른 무지개의 색에 대한 인식

DAY 29

1番 3

M : あなたと、一瞬たりとも離れたくない。結婚してくれ。

F : 1 あなたはもう結婚しましたか。
　　 2 一瞬ってどれくらいの長さなの？
　　 3 ありがとう、嬉しいわ。結婚する！

해석 M : 당신과 한순간도 떨어지고 싶지 않아. 결혼해 줘.
F : 1 당신은 이미 결혼했나요?
　　 2 한순간은 어느 정도의 길이야?
　　 3 고마워, 기뻐, 결혼할게!

2番 1

F1 : うちの夫ったら、家事はしないわ、おかずにうるさいわ、もう鬱陶しいわよ。

F2 : 1 あらま、うちの夫もそうよ。本当に大変！
　　 2 おかず、美味しく作れたかな。
　　 3 家事は難しいよね。

해석 F1 : 우리 남편은 말이지, 집안일은 안 하지, 반찬 투정은 하지, 정말 성가셔.
F2 : 1 어머, 우리 남편도 그래. 정말 힘들어!
　　 2 반찬, 맛있게 만들어졌을까?
　　 3 집안일은 어렵지.

DAY 30　1番　3

免税店で店員と男の人が話しています。

F：いらっしゃいませ。何かお探しでしょうか？

M：あ、はい。あの、妻にプレゼントしようと思いますが、30代の女性に最も人気があるものって何ですか。

F：そうですね。化粧品でしたら、こちらのナイトクリームが大変人気があります。ベタベタせずさらっと塗れますし、肌の再生にも役に立つので、30代から40代の方にとても人気がありますね。ただ、少々容量が少なめです。

M：あ、本当だ。これで免税でもこの値段か…。これはちょっと高いですね。もっと豊富なものがある…セットがいいかと思いますが。

F：そうでしたら、こちらはいかがでしょうか。化粧水と乳液、そしてアイクリームからの3点セットですが、お手頃の値段で組み合わせもよく、またこちらも人気の商品なんです。

M：あ、いいですね。これは肌のタイプによらず使えるものですか。

F：あ、こちらは、乾燥肌の方にお勧めの商品です。脂性肌の方には重いかもしれないですね。

M：あー…。うちの妻は、結構脂っぽいですので、それじゃだめですね。どうしようかな。うーん…。

F：ではお客様、こちらのファンデーションセットはいかがでしょうか。こちらのファンデーションは脂性肌の方にぴったりのもので、時間が経っても崩れにくいです。また、日焼け止めの機能が入っているトーンアップクリームと、お好みの色の口紅もお選びいただけますので、こちらがお得かと思いますが。

M：あ、いいですね！口紅の色も選べるんですね。

F：はい、そうです。お色はこちらからどうぞ。

M：えーと、じゃ、これにします。

F：はい、ありがとうございました。

男の人は、何を買うことにしましたか。

1　ナイトクリーム
2　化粧水と乳液とアイクリームセット
3　ファンデーションセット
4　買わないことにした

해석 면세점에서 점원과 남자가 이야기하고 있습니다.

F : 어서 오세요. 뭔가를 찾으시나요?
M : 아, 네. 저, 아내에게 선물하려고 하는데요, 30대 여성에게 가장 인기가 있는 건 뭔가요?
F : 그러시군요. 화장품이라면, 이쪽의 나이트 크림이 매우 인기입니다. 끈적거리지 않고 산뜻하게 발리고, 피부 재생에도 도움이 되기에, 30대에서 40대 고객님들께 매우 인기가 있습니다. 다만, 약간 용량이 적습니다.
M : 아, 진짜요. 이걸로 면세라고 해도 이 가격이라니…. 이건 좀 비싸네요. 좀 더 풍부한 것이 있는… 세트가 좋을 것 같은데요.
F : 그러시다면, 이쪽은 어떠실까요? 토너와 로션, 그리고 아이크림으로 구성된 3종 세트인데요, 적당한 가격에 조합도 좋아, 또 이쪽도 인기 상품입니다.
M : 아, 좋네요. 이건 피부 타입에 상관없이 쓸 수 있나요?
F : 아, 이쪽은 건성 피부인 분들께 추천하는 상품입니다. 지성 피부인 분들께는 무거울지도 모릅니다.
M : 아~ 우리 집사람은 꽤 지성이라서, 그럼 안 되겠네요. 어떡하지. 음….
F : 그럼 고객님, 이쪽의 파운데이션 세트는 어떠세요? 이 파운데이션은 지성 피부인 분들께 딱 맞는 제품으로, 시간이 지나도 잘 안 무너집니다. 또, 선크림 기능이 있는 톤업 크림과, 원하시는 색의 립 제품도 고르실 수 있으므로, 이쪽이 좋을 것 같아요.
M : 아, 좋네요! 립 제품 색도 고를 수 있군요.
F : 네, 맞습니다. 색은 여기서 보실 수 있어요.
M : 음~, 그러면 이걸로 할게요.
F : 네, 감사합니다.

남성은 무엇을 사기로 했습니까?

1 나이트 크림
2 토너와 로션과 아이크림 세트
3 파운데이션 세트
4 사지 않기로 했다

2番 質問1 　2
質問2 　1

夫婦が、天気予報を聞いています。

M1 : 本日の天気予報です。全国的に大雪が予想されます。特に関東地方では、シベリアからの冷たい大陸風の影響により、雪と共に強い風が吹く予定です。非常に厳しい吹雪が予想されるため、本日はできるだけ外出を控え、公共交通機関での移動をお勧めします。なお、関西地方は午前中に強い吹雪が予想されますが、午後になるにつれ天気が落ち着く見込みです。ただし道路が凍っている可能性が高いため、車の運転や歩く際にはお気をつけてください。なお、吹雪により電車など交通機関の中止の可能性がありますので、くれぐれも安全にご注意ください。

F : あら、どうしよう。スノーチェーン、持ってたっけ。
M2 : あるけど、これじゃ困るな。スノーチェーンで何とかなりそうじゃないよ。出かけたとしてもせいぜい大阪市内あたりといったところだと思うけど。

F：じゃ、どうする？今日帰省すること、あなた期待してやまなかったじゃない。お義母(かあ)さんも待っているでしょうし…。

M2：そうだけど、でもこの天候(てんこう)では帰省どころか、途中で事故に遭う可能性があるだろう。事故に遭うくらいなら出かけない方がいいよ。おふくろには僕から連絡入れておく。

F：そうだけど…、一応、出かけてみるのはどう？だって、もう何年も帰省していないよ。お義母(かあ)さんの歳も歳だし、会える時に親孝行しておいた方がいいんじゃないかしら。今度も入院していたし。

M：いや、今日はやめよう。君だって妊娠しているのに、この危ない日に出かけるのは危険極まりないよ。おふくろもたぶん分かってくれるだろうから、気にしないで。

F：…分かったわ。じゃ、今日は様子を見て、明日出発することにしよう。

M2：その方が賢い選択だ。

質問１． 男の人は、帰省についてどう思っていますか。
質問２． 女の人は、帰省についてどう思っていますか。

해석 부부가 일기예보를 듣고 있습니다.

M1:오늘 일기예보입니다. 전국적으로 폭설이 예상됩니다. 특히 관동 지방에서는, 시베리아에서 오는 차가운 대륙풍의 영향에 의해, 눈과 함께 강한 바람이 불 예정입니다. 매우 험한 눈보라가 예상되므로, 오늘은 될 수 있는 한 외출을 자제하시고, 대중교통으로 이동하시는 것을 권해드립니다. 또한, 관서 지방은 오전 중에 강한 눈보라가 예상됩니다만, 오후가 되면 날씨가 안정될 예정입니다. 다만 도로가 얼어 있을 가능성이 높으므로, 자동차 운전이나 걸을 때는 주의해 주세요. 또한, 눈보라로 인해 전철 등 대중교통이 중지될 가능성이 있으므로, 부디 안전에 주의해 주세요.

F：어머, 어떡하지. 스노체인 가지고 있던가?

M2:있긴 한데, 이래서는 곤란하네. 스노체인으로 어떻게든 될 것 같지 않아. 외출한다고 해도 기껏해야 오사카 시내 정도일 것 같은데.

F：그럼 어떡해? 오늘 귀성하는 거, 당신 너무나 기대하고 있었잖아. 어머님도 기다리고 계실 거고….

M2:그렇긴 하지만, 하지만 이 날씨로는 귀성은커녕 도중에 사고가 날 가능성이 있잖아. 사고날 정도라면 나가지 않는 편이 나아. 어머니께는 내가 연락해 둘게.

F：그렇지만…, 일단, 외출해 보는 건 어때? 그게, 벌써 몇 년이나 귀성하지 않았잖아. 어머니 연세두 연세이고, 만날 수 있을 때 효도해 두는 편이 좋지 않을까? 이번에도 입원하셨었고.

M2:아니, 오늘은 그만두자. 당신도 임신했는데, 이런 위험한 날에 외출하는 건 위험하기 짝이 없어. 어머니도 아마 알아주실 거야. 신경 쓰지 마.

F：…알겠어. 그럼, 오늘은 상태를 보고, 내일 출발하기로 하자.

M2:그편이 현명한 선택이야.

질문 1. 남성은 귀성에 대해 어떻게 생각하고 있습니까?
질문 2. 여성은 귀성에 대해 어떻게 생각하고 있습니까?

MEMO

MEMO

JLPT N1 독해편・청해편

초판 1쇄 발행 | 2025년 1월 1일
지은이 | 윤선아(유이)

감수 | 徳竹真衣(토쿠타케 마이), 小川一枝(오가와 카즈에)
디자인 | 백현지

발행인 | 안희철
펴낸곳 | 노이지콘텐츠(주)
출판등록 | 2014년 1월 17일 (등록번호 301-2014-015)
주소 | 서울특별시 금천구 디지털로 178, B동 1612-13호(가산동)
이메일 | info@noisycontents.com

ISBN 979-11-6614-820-0(13730)

* 본 책은 저작권법에 의해 보호를 받는 저작물이므로 무단 전재와 복제를 금합니다.
* 잘못된 책은 구입처에서 교환하여 드립니다.